SPORTSTUNDE GRUNDSCHULE

Herausgegeben von
Stefan König und Klaus Roth

AF633976

Bibliografische Information der Deutschen Nationalbibliothek
Die Deutsche Nationalbibliothek verzeichnet diese Publikation in der Deutschen Nationalbibliografie; detaillierte bibliografische Daten sind im Internet über http://dnb.d-nb.de abrufbar.

Bestellnummer 2880

© 2019 by Hofmann-Verlag, Schorndorf

www.hofmann-verlag.de

Alle Rechte vorbehalten. Ohne ausdrückliche Genehmigung des Verlags ist es nicht gestattet, die Schrift oder Teile daraus auf fototechnischem Wege zu vervielfältigen. Dieses Verbot – ausgenommen die in §§ 53, 54 URG genannten Sonderfälle – erstreckt sich auch auf die Vervielfältigung für Zwecke der Unterrichtsgestaltung. Dies gilt insbesondere für Übersetzungen, Vervielfältigungen, Mikroverfilmungen und die Einspeicherung und Verarbeitung in elektronischen Systemen.

Fotos: Caroline Handtmann, Anke Hanssen-Doose,
Dominik Huber, Frank Lust

Erschienen als Band 8 der „Sportstunde Grundschule“

Druck: Druck- und Kalender-Marketing Sosset GmbH, Kißlegg

Printed in Germany · ISBN 978-3-7780-2880-3

Inhaltsverzeichnis

Bewegungsspiele und -aufgaben

Entspannungspausen

Vorwort

Sich bewegen, etwas bewegen... bewegt sein von dem, was im Unterricht geschieht?!

Ziel des vorliegenden Buches ist es, durch erprobte und originelle Bewegungspausen ein besseres und konzentrierteres Lernen und ein besseres Miteinander im Klassenzimmer zu ermöglichen.

Tausende Male werden Schülerinnen und Schüler in Klassenzimmern ermahnt, aufmerksam und konzentriert zu sein, ruhig zu sein, nicht zu stören und nicht so impulsiv zu reagieren. Viel zu selten bekommen sie konkrete Anregungen und Hilfen, wie sie das machen können, wie sie es schaffen, ihre zunehmende körperliche Unruhe zu regulieren. Unruhiges Verhalten und Konzentrationsmangel sind auch eine Reaktion der Kinder auf die Stressoren einer veränderten und schneller gewordenen Umwelt und auf den zunehmenden Leistungsdruck, den Kinder bereits in der Grundschule wahrnehmen.

Viele Lehrkräfte spüren das Bewegungsbedürfnis und möchten nicht immer mit Disziplinierung und Strenge reagieren. Auf der anderen Seite erleben sie selbst den Druck, den geplanten Unterrichtstoff in der zur Verfügung stehenden Zeit durchzunehmen. Gerade in solchen Momenten ist es sinnvoll, wenn die Schülerinnen und Schüler sowie die Lehrkraft erfahren, wie kurze Momente mit Bewegung und Entspannung direkt im Unterricht das Lehren und Lernen positiv unterstützen können.

Gelegenheiten zum Aufstehen und Bewegen finden sich viele im Schulalltag: Abholen bzw. Ablage von Material und Arbeitsblättern oder das Vorzeigen der Hausaufgaben. Dies erfordert etwas Einüben von Bewegungsregeln und Reihenfolgen sowie das Abschaffen von Austeildiensten und Ähnlichem, was bewegungsabträglich ist.

Lehrkräfte, die Bewegung als integralen Teil von Lernen verstehen, nutzen Bewegungspausen darüber hinaus für eine Rhythmisierung des Unterrichts. Dies erfordert eine geeignete Auswahl an Bewegungspausen und etwas Übung. Hier setzt das vorliegende Buch mit einer erprobten und bewährten Beispielesammlung für den Einstieg und für Fortgeschrittene an.

Bewegungspausen sollten angepasst an den Aktivierungsgrad der Schülerinnen und Schüler körperlich aktivierend, vitalisierend, auflockernd oder entspannend gestaltet werden. Sie sollten so kurz sein, dass der rote Faden der Unterrichtsstunde nicht verloren geht und die Klasse trotz der investierten drei, vier oder fünf Minuten mit dem geplanten Lernstoff durchkommt. Im Idealfall wird durch eine Bewegungspause Zeit gewonnen, weil die Schülerinnen und Schüler nach dieser kurzen Pause mit Bewegung oder Entspannung in der Lage sind, wieder konzentrierter zu lernen. Dieser Effekt des Zeitgewinnens stellt sich erfahrungsgemäß nur dann ein, wenn die Bewegungspause bedarfsorientiert ausgewählt und ohne Umschweife realisiert wird.

Regelmäßige Bewegungspausen im Unterricht zielen auf ein besseres Lernen ab. Gleichzeitig unterstützen sie den Aufbau eines körperlich-sportlich aktiven Lebensstils. Da Kinder den Großteils des Tages in der Schule verbringen, spielt die Bewegungsförderung und die gesundheitliche Prävention in der Lebenswelt Schule eine wichtige Rolle (Hallal, Victora, Azevedo & Wells, 2006; Hallal, Andersen, Bull, Guthold, Haskell, Ekelund & Lancet Physical Activity Series Working Group, 2012), insbesondere um vermeidbaren chronischen Erkrankungen vorzubeugen (Janssen & LeBlanc, 2010). Messungen der körperlichen Aktivität im Verlauf des Schultages zeigen, dass der Fachunterricht im Klassenraum derzeit der Teil des Tages ist, der tatsächlich am wenigsten aktiv und vorrangig sitzend verbracht wird (Nettlefold, McKay, Warburton, McGuire, Bredin & Naylor, 2011).

Körperliche Inaktivität gilt insgesamt als eine der wichtigsten Ursachen von lebensstilbedingten chronischen Erkrankungen. Bei Kindern und Jugendlichen ist die fehlende körperlich-sportliche Aktivität in vielen entwickelten Ländern ein gravierendes Gesundheitsproblem (Tremblay, Gray, Akinroye, Harrington, Katzmarzyk, Lambert & Prista, 2014) und dies gilt auch für Deutschland (Schmidt, Henn, Albrecht & Woll, 2017). Regelmäßige Bewegungspausen können das Problem des Bewegungsmangels sicherlich nicht gänzlich lösen. Sie können ein positiver Einflussfaktor sein und so direkt körperlich wirken. Daneben sind sie auch gesundheitspädagogisch relevant und unterstützen den Aufbau eines körperlich aktiven Lebensstils.

Die regelmäßige Integration von Bewegung in den Unterricht kann neben der Gesundheit das Wohlbefinden der Kinder im Unterricht fördern. Kinder, die sich wohlfühlen und Freude am Lernen verspüren, werden auch eine stärkere Lernfähigkeit herausbilden und sich mit Neugier neues Wissen und neue Kompetenzen aneignen.

Zur Entwicklung der vorliegenden Sammlung an Bewegungspausen: Diese wurde im Rahmen des Seminars „Bewegte Schule" an der Pädagogischen Hochschule Karlsruhe angelegt, erweitert, erprobt und immer wieder umgestellt. Die Bewegungspausen, die sich in der Praxis als zu lang, zu wenig attraktiv oder zu schwierig herausstellten, wurden herausgenommen. Neben der Praxistauglichkeit wurde auch die Wirksamkeit untersucht. In diesem Zusammenhang bedanken wir uns herzlich bei vielen Lehrkräften und Kindern. Auch den ehemaligen Studierenden Jasmin Ittensohn, Anna Kloock und Miriam Schmid danken wir, dass sie sich vertieft mit Bewegungspausen und messbaren Wirkungen bei Kindern beschäftigt haben. Die Erkenntnisse aus diesen Arbeiten haben dazu beigetragen, dass wir das Buch in der vorliegenden Form realisieren konnten. Herzlichen Dank auch an Dominik Huber für die Mithilfe bei der Erstellung der Fotos, Doris Oriwol für die Erstellung von Icons und und Gabriele Fluhar für die Durchsicht des Manuskripts. Dankbar sind wir auch den Herausgebern dieser Reihe, insbesondere Herrn Prof. Dr. Klaus Roth, für seine gründliche Durchsicht des Manuskripts und seine Verbesserungsvorschläge.

Allen Lehrkräften, die sich auf den Weg machen, bewegten und bewegenden Unterricht zu gestalten, wünschen wir viel Erfolg!

Karlsruhe, im Juni 2019

Anke Hanssen-Doose, Caroline Handtmann,
Elke Opper & Annette Worth

Einstieg

Das vorliegende Buch gliedert sich in einen Theorieteil (Kap. I) und einen nachfolgenden Praxisteil (Kap. II, III und IV) mit einer breiten Palette an Vorschlägen für Bewegungspausen.

Die Kapitel I.1–I.2 beinhalten einen überblicksartigen Einstieg in das Thema Bewegung und Lernen, eine Definition des Begriffs Bewegungspausen und eine Erläuterung der anvisierten Wirkungen. Studien zu kurzen Bewegungspausen im Fachunterricht der Grundschule werden in Kapitel I.3 dargestellt. Das Kapitel I.4 enthält allgemeine Tipps zur Durchführung von Bewegungspausen.

In Kapitel II werden dann Bewegungspausen für den Einstieg im Detail vorgestellt und Besonderheiten sowie Variationen aufgeführt. Die Bewegungspausen sind hinsichtlich ihrer Schwierigkeit, Art und Funktion sortiert und in Bezug auf Dauer und Intensität ausgewiesen.

Wir empfehlen, den Theorieteil am Stück zu lesen und danach mit den Bewegungspausen für den Einstieg zu beginnen, zu denen intuitiv ein guter Zugang da ist. Erfahrungsgemäß unterscheiden sich hier die Vorlieben. Ziel ist zunächst, sich ein kleines Repertoire anzueignen, dessen Anleitung ohne Umschweife und weitere Vorbereitungen im Unterricht möglich ist. Durch die Regelmäßigkeit und Wiederholung der Bewegungspausen stellen sich die anvisierten Wirkungen ein. Da auch die Schülerinnen und Schüler unterschiedliche Vorlieben haben, danken sie es, wenn die eingesetzten Bewegungspausen eine große Bandbreite abdecken. Eine Beteiligung der Schülerinnen und Schüler bei der Auswahl (und perspektivisch auch der Umsetzung) der Bewegungspausen wird möglich, sobald sich etwas Routine eingestellt hat.

Mit zunehmender Übung können Bewegungspausen für Fortgeschrittene gewählt werden (Kap. III). Diese sind entweder koordinativ und/oder kognitiv anspruchsvoller als die Bewegungspausen aus Kapitel II. Hier gilt es zu beachten, dass der gesteigerte Anspruch auch eine höhere Anforderung an die Anleitung und Demonstration der Lehrkraft stellt.

I

Theorie

1 Bewegung und Lernen

Aufgrund der Freude der Kinder, die mit Bewegung einhergeht, erscheint es sinnvoll, das Bewegungsbedürfnis nicht als „Störfaktor" für das Lernen zu sehen und aufzuschieben. Vielmehr gilt es, Bewegung gezielt als Gelingensfaktor für das Lernen im Fachunterricht einzusetzen. Bewegung ist essentiell für eine gute Gesamtentwicklung von Kindern.

Mit Bewegung verbunden ist das Schärfen aller Sinne. Wahrnehmungsprozesse und Bewegungshandlungen bedingen sich gegenseitig. Ihr Zusammenwirken ist die Grundlage für das Lernen und das Verhalten der Kinder im Klassenraum. Je vielfältiger die Wahrnehmungssysteme im Unterricht einbezogen werden und Inhalte

Unsere Dienste
Unsere Regeln

auch über das Sehen, das Hören, das Fühlen und das Bewegen im Raum erfahrbar gemacht werden, umso ganzheitlicher wird das Kind im Unterricht angesprochen.

Ein Unterricht unter Einbezug von Bewegung gelingt besser als bewegungsinaktiver Unterricht (Hildebrandt-Stramann, 2009). Entwicklungs- und lerntheoretisch ist erwiesen, dass sich Bewegung direkt auf die formbaren Strukturen und Denkleistungen des Gehirns auswirkt. Über die Wirkmechanismen ist vieles bekannt und einiges wird kontrovers diskutiert. Bewegung unterstützt das Gehirn aus folgenden grob zusammengefassten Gründen, sodass es bessere Leistungen erbringen kann (Erickson, Hillman & Kramer, 2015; Hollmann & Strüder, 2003):

- Akut wird die Durchblutung und Versorgung des Gehirns mit Sauerstoff und Nährstoffen verbessert.
- Akut wird die Aufnahmebereitschaft durch Verbesserung des Erregungszustands erhöht.
- Durch regelmäßige Bewegungszeiten werden Blutgefäße und Nervenzellen neu gebildet sowie die Effizienz ihrer Verschaltungen untereinander gesteigert, womit eine Strukturverbesserung einhergeht (Verbesserung der „neuronalen Plastizität").

Bewegung zur Förderung der exekutiven Funktionen

Für eine gesunde kindliche Entwicklung sind gut ausgeprägte exekutive Funktionen von großer Bedeutung. Sie werden als ein Verbund verschiedener Kompetenzen angesehen. Zu den exekutiven Funktionen des Gehirns gehören u. a. das Arbeitsgedächtnis, die Selbstregulationsfähigkeit (Inhibition) und die kognitive Flexibilität (Kubesch & Walk, 2009). Die exekutiven Funktionen entwickeln sich über die gesamte Lebensspanne und je nach Beanspruchung kommt es zu Zu- oder Abnahmen. Für den Unterricht in der Schule sind die exekutiven Funktionen relevant, weil

- das Arbeitsgedächtnis Informationen und Anweisungen, eigene und alternative Handlungspläne sowie Zwischenergebnisse präsent hält,
- die Selbstregulation flexibles und der Situation angemessenes Verhalten im Lernprozess unterstützt,
- eine gute Selbstregulationsfähigkeit es ermöglicht, Störreize besser auszublenden,
- eine gute Selbstregulationsfähigkeit darin unterstützt, das angestrebte Lernziel im Blick zu behalten und zu erreichen,
- die kognitive Flexibilität es ermöglicht, schnell neue Informationen einzubeziehen, „umzudenken" und „umzuschalten".

Exekutive Funktionen entscheiden häufig mehr über den Lernerfolg eines Kindes als die Intelligenz. Konkret spielen exekutive Funktionen insbesondere dann eine Rolle, wenn nicht auf automatisierte Verhaltensweisen, altbekanntes Wissen oder vorhandene Problemlösestrategien zurückgegriffen werden kann: in allen neuen, unerwarteten und komplexen Situationen. Diese kommen im System Schule regelmäßig vor. Bereits vor der Schule entscheidet die Ausprägung der exekutiven Funktionen mit darüber, inwieweit die Kinder bereit sind für das Erlernen von Lesen, Schreiben und Rechnen (Duncan, Dowsett, Claessens, et al., 2007; Krajewski & Schneider, 2009). Die exekutiven Funktionen scheinen sowohl akut als auch chronisch beeinflussbar zu sein durch Bewegung. Die körperliche Fitness von Kindern hängt mit den exekutiven Funktionen zusammen und – für den schulischen Kontext relevant – mit einem besseren Abschneiden in Lernleistungstests (Castelli, Hillman, Buck & Erwin, 2007; Chomitz, Slining, McGorwan, Mitchell, Dawson, & Hacker, 2009). Chomitz et al. (2009) zeigten, dass die Gehirne von körperlich fitten Kindern effizienter und fokussierter arbeiten. In der sensiblen Entwicklungsphase des Grundschulalters kann so in besonderer Weise auf die Struktur, Funktion und Leistungsfähigkeit des Gehirns eingewirkt werden. Durch spezifische Formen der körperlichen Aktivität kann die schulische Leistungsfähigkeit sowie das emotionale und soziale Verhalten positiv beeinflusst werden (Kubesch & Hansen, 2017). Beispielhafte Merkmale eines Trainings der exekutiven Funktionen mit körperlichen und kognitiven Anteilen sind nachfolgend dargestellt:

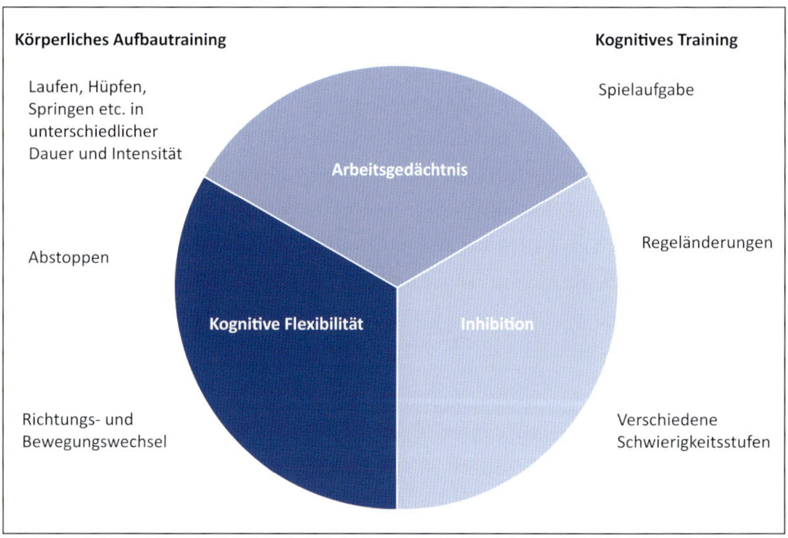

Abb. 1: Training der exekutiven Funktionen (Kubesch & Walk, 2009)

Arten von bewegtem Lernen

Beim bewegten Lernen im Klassenraum werden verschiedene Arten unterschieden, bei denen die Bewegung eine lernbegleitende oder lernerschließende Funktion inne hat (Hildebrandt-Stramann, 2009). Diese Einteilung ist jedoch als nicht ganz trennscharf anzusehen.

Lernbegleitend ist die **Durchführung regelmäßiger Bewegungspausen im Fachunterricht**. Hier ist ein Unterbrechen des Unterrichts für kurze Bewegungspausen vorgesehen. Dieses Element ist vergleichsweise leicht umsetzbar, da der eigentliche Unterricht nicht verändert werden muss. Bewegungspausen gelten als beliebtes Element und Einstieg in die „Bewegte Schule“: weder sind spezielle Kompetenzen notwendig, noch spezielles Material, es fallen keine oder wenig Kosten an und die Durchführung liegt im Ermessen der einzelnen Lehrkraft. Bewegungspausen stellen einen vergleichsweise einfach umsetzbaren Baustein der Bewegten Schule dar.

Ebenfalls **lernbegleitend** sind infrastrukturelle Maßnahmen wie **bewegungsfreundliche Sitzmöbel und Steharbeitsplätze**. Dies ist eine Maßnahme zur Verhältnisänderung im Sinne der Steigerung der Bewegungsfreundlichkeit der Fach- bzw. Klassenräume. Neben der Verbesserung der Klassenräume kann die Lehrkraft durch Veränderungen im Bereich Regeln und Rituale dazu beitragen, dass der Raum – unabhängig von seiner tatsächlichen Bewegungsfreundlichkeit – vielfältig genutzt wird. **Eine Möglichkeit ist, das Lernen in verschiedene Positionen im Sitzen, Stehen, Hocken, Schreiten zu erlauben.** Ein weiteres gewichtiges Element, um Bewegung in den Unterricht zu bringen ist der **Einsatz bewegungsaktiver Lernmethoden** wie Wortehüpfen, Schlangenfangen, Eckenrechnen oder Laufdiktat. Abschließend gehören **offene Unterrichtsformen, Freiarbeit und Werkstattlernen** in diese Rubrik, in denen die Schülerinnen und Schüler selbstständig lernen. Mit ihnen geht in der Regel mehr Bewegung einher als mit geschlossenen Formen von Unterricht.

Lernerschließend sind jegliche Formen von (Bewegungs-)Experimenten und Rollenspielen mit dem Ziel der inhaltlichen Vermittlung des Stoffs. Den lernerschließenden Elementen ist gemeinsam, dass **Bewegung den Kern des Lernens** darstellt und qualitativ erst ermöglicht, den Lerngegenstand zu durchdringen. Diese Form ist spannend, jedoch als inhaltlich anspruchsvoll und vorbereitungsintensiv einzuschätzen.

Viele Formen des bewegten Lernens (insbesondere die lernerschließenden Formen) sind dem **handlungsorientierten Unterricht** zuzuordnen. In dieser Form des Unterrichtens werden konkrete – oft mit Bewegung verbundene Situationen – zum Anlass genommen, daraus zu lernen und allgemeine Erkenntnisse oder Gesetzmäßigkeit abzuleiten.

Das vorliegende Buch konzentriert sich ausschließlich auf **Bewegungspausen** und wie diese kurzen Unterbrechungen des Unterrichts originell, wirkungsvoll und konzentrationssteigernd eingesetzt werden können. Eine perspektivische Verknüpfung mit anderen bewegungsaktivierenden Formen ist als sinnvoll anzusehen.

2 Definition von Bewegungspausen

Eine Bewegungspause ist eine Unterbrechung des Unterrichts im Klassenzimmer zugunsten einer kurzen Zeit für Bewegung, Auflockerung und Entspannung (Thiel, Teubert & Kleindienst-Cachay, 2006). Diese Unterbrechung des Fachunterrichts wird mit bewegten Aufgaben, Übungen, Spielen oder Liedern gestaltet, die in der Regel weder inhaltlich noch zeitlich mit dem Unterrichtsstoff zusammenhängen (Riegel, 2014).

Bei Bewegungspausen geht es um eine Unterbrechung der Konzentration auf den Lerngegenstand. Auch bei einem handlungsorientierten Unterricht kann es sinnvoll sein, diesen mit Bewegungspausen kurz zu unterbrechen. Das Ziel dabei ist, dass sich die Schülerinnen und Schüler nach der Bewegungspause fokussierter, motivierter, lockerer und entspannter mit dem Lernstoff auseinandersetzen.

3 Ziele von Bewegungspausen

Bewegungspausen zielen darauf ab, das Lernen im Klassenraum zu erleichtern und die Gesundheit der Schülerinnen und Schüler zu fördern. Die unterrichtsrelevanten Zielen werden im Folgenden näher erläutert.

Förderung der Konzentration

Das Arbeiten in der Schule verlangt nicht nur ein Mindestmaß an Intelligenz und Wissen, sondern auch, sich Aufgaben effizient zuzuwenden (Schmidt-Atzert et al., 2012). Sich länger auf eine Aufgabe zu fokussieren muss damit einhergehen, das Leistungsniveau über einen längeren Zeitraum auf einem gleichbleibend hohen Niveau aufrechtzuerhalten. Diese notwendige Fähigkeit kann man als Konzentrationsfähigkeit bezeichnen: *„Konzentration ist eine leistungsbezogene, kontinuierliche und fokussierende Reizselektion, die Fähigkeit eines Individuums, sich bestimmten relevanten, internen oder externen Reizen selektiv, d. h. unter Abschirmung gegenüber irrelevanter Stimuli, ununterbrochen zuzuwenden und diese schnell und korrekt zu analysieren"* (Brickenkamp, 2002, S. 6). Es gehört zu den Entwicklungsaufgaben von Kindern, dass diese erst lernen müssen sich zu konzentrieren. Die Konzentrationsfähigkeit schwankt bei Kindern daher je nach Entwicklung, und Persönlichkeit. Faktoren wie die Motivation und Lernfreude bestimmen mit, wie lange sich Kinder konzentrieren können. Eine erhöhte Lärmbelastung beeinflusst die Konzentration negativ. Ein Abfall der Konzentration ist deutlich wahrzunehmen: Schülerinnen und Schüler werden motorisch unruhiger, lauter, lustloser, müder und machen mehr Flüchtigkeitsfehler. Auch kommt es vermehrt zu Unterrichtsstörungen, durch welche die Schülerinnen und Schüler z. T. auf ihre Art ausdrücken, dass sie sich nicht mehr konzentrieren können. Bewegungspausen zielen dann auf die Wiederherstellung, Erhaltung oder Verbesserung der Konzentrationsleistung der Kinder ab.

Förderung der exekutiven Funktionen

Wie bereits im Kapitel Bewegung und Lernen eingeführt, werden Schülerinnen und Schüler durch das Training der exekutiven Funktionen in ihrer Handlungsfähigkeit, Problemlösekompetenz, Impulskontrolle und Frustrationstoleranz gefördert. Hier bieten sich insbesondere die spielerischen Bewegungspausen an. Das Training der exekutiven Funktionen sollte von der Intensität und Schwierigkeit gut auf die Lerngruppe abgestimmt sein und Schritt für Schritt eingeführt werden. Auch für die anleitende Lehrerkraft heißt es, während der Bewegungspause sehr präsent zu sein, Zwischenergebnisse zu speichern oder Regeländerungen passend einzuführen. Ein Beispiel ist das Spielen des bekannten Fingerspiels „Ching, Chang, Chong“ (siehe Bild).

Zunächst wird es einige Male wie bekannt gespielt. Dann werden die kleinen Bewegungen der Hand durch Ganzkörperbewegungen ersetzt. Die Ausgangsposition ist jetzt Rücken an Rücken stehend und die Bewegungen mit einer ½-Drehung gesprungen. Dadurch wird das Spiel körperlich anstrengender und motorisch anspruchsvoller (siehe Bewegungspause Nr. 55). Erst wenn diese Spielweise von allen beherrscht wird, erfolgt eine weitere Steigerung in kognitiver Hinsicht durch Hinzunahme weiterer Symbole. Dem Training der exekutiven Funktionen ist in den letzten Jahren sowohl in der Wissenschaft wie auch in der Bildungspolitik zunehmend mehr Beachtung geschenkt worden (z. B. Aufnahme in die Bildungspläne in Baden-Württemberg, 2016).

Bewegungspausen zur Förderung der Entspannung

Häufig sind Schülerinnen und Schüler mit den vielfältigen Anforderungen in der Schule, der Familie und der Freizeit überfordert. Rund 72% der sieben- bis elfjährigen Kinder haben bereits Stresserfahrungen gesammelt (Lohaus & Klein-Heßling, 2000). Je älter die Kinder werden, umso mehr nehmen die Belastungen zu. Daher gilt es zum einen im häuslichen Umfeld Phasen der Ruhe zu ermöglichen, aber auch in der Lebenswelt Schule eine Umgebung zu schaffen, in der sich das Nervensystem der Kinder erholen kann. Zum anderen gilt es, den Kindern Möglichkeiten aufzuzeigen wie

sie sich in belastenden Situationen verhalten können. Eine Möglichkeit zum Aufbau von Stresstoleranz sind Entspannungspausen im Unterricht. Sie sollen Schülerinnen und Schüler unterstützen, Ruhemomente zu finden, wenn sie von Reizen überflutet werden und ihre Präsenz sowie Aufmerksamkeit zu erhöhen. Petermann (2007) weist auf die physiologischen und psychologischen Effekte verschiedener Entspannungsverfahren hin: Es entsteht ein allgemeines Wohlbefinden, eine angenehme Körperschwere, Wärme und ein ruhiger Atem.

Jansen, Seidel und Richter (2018) haben die Wirksamkeit verschiedener Verfahren in einem kurzen Überblick dargestellt: So wirkt sich z. B. Yoga positiv auf das Stressempfinden und eine positive Einstellung aus. Eine 12-Wochen Intervention mit Qigong und Tai-Chi zeigt positive Effekte bezogen auf die erlebte Angst, die visuell-motorische Integration und die Selbstkompetenz. Im sozialen Verhalten konnten Flook, Goldberg, Pinger und Davidson (2015) nach einem 12-wöchigen achtsamkeitsbasierten Verfahren positive Wirkungen nachweisen: die Kinder der Interventionsgruppe zeigten größere Verbesserungen in der Sozialkompetenz und der sozial-emotionalen Entwicklung als die Teilnehmenden der Kontrollgruppe.

Die Förderung von Entspannung im Klassenraum dient dazu, den für das Lernen optimalen psychischen Zustand herzustellen (Jensen, 2017).

Für Kinder ist der entscheidende Schritt zur Entspannung zunächst die Bewegung. Je jünger die Kinder sind, umso höher sollte der Anteil an Bewegung sein (Opper, 2016). Möglich ist auch, die Pause mit Bewegungen zu beginnen, die in eine Stille- oder Ruheübung übergehen. Eine bewegte Entspannungspause fördert die „Ganzheit" des Kindes und hat Körper, Geist und Seele im Blick. Sie unterstützt die Schülerinnen und Schüler beim Schärfen der Sinne und der Entwicklung von Körperbewusstsein und Körperwahrnehmung, Gelassenheit, Zentrierung und Impulskontrolle. Schließlich fällt das Lernen leichter, wenn die Schülerinnen und Schüler sich sicher fühlen und entspannt sind.

Bewegung und Rhythmus zur Förderung des Wir-Gefühls

Bewegungslieder können die Stimmung und Motivation der Schülerinnen und Schüler positiv beeinflussen. Es gilt die enge Verzahnung zwischen Rhythmus und Bewegung zu nutzen. Der Rhythmus in der Musik wird körperlich widergespiegelt und jede Bewegung unterliegt einem eigenen Rhythmus (Müller, 2003). Die Bewegungsfreude ist im Grundschulalter sehr präsent und in Verbindung mit altersbezogenen passenden originellen Liedern und Bewegungen oder einem Tanz stellt sich eine entspannende und gemeinschaftsfördernde Wirkung ein: das Wir-Gefühl der Klasse kann so gestärkt werden. Durch die unterschiedlichen Texte und die verschiedene Herkunft der Lieder werden – quasi nebenbei – kulturelle Werte vermittelt (Müller, 2003).

Bewegungspausen zur Reduktion des Geräuschpegels

Ein erhöhter Geräuschpegel erschwert konzentriertes Arbeiten, erzeugt Stress und stört die kognitive und sprachliche Entwicklung (Evans & Maxwell, 1997). Wenn Schülerinnen und Schüler „zappelig" und unruhig werden, leiten kurze Bewegungspausen Bewegungsenergie gezielt ab und wirken – in Verbindung mit einem klaren und beruhigenden Ende – lärmreduzierend. Norlander, Moås und Archer (2005) konnten bei Bewegungs- und Entspannungspausen von 5 bis 10 Minuten einen lärmreduzierenden Effekt nachweisen. Der lärmreduzierende Effekt ist bei Entspannungspausen und vielen Bewegungsaufgaben erfahrungsgemäß leicht zu erreichen. Ein gutes Beispiel hierfür ist der Balancierparcours, weil das Balancieren die Klasse koordinativ fordert und sich dadurch automatisch Ruhe einstellt. Bei stimmungsvollen Bewegungsliedern oder Bewegungsaufgaben wie der Honigklecks hingegen erhöht sich

der Lärmpegel erfahrungsgemäß bei der Durchführung. Hier wird nach dem Liedende eine kurze Atempause mit Ausschütteln oder ein „kleines Hallo im Kreis“ (siehe Bild) benötigt, bei dem ein kurzer Händedruck als Gruß die Runde macht. Mit derartigen Entspannungspausen wird es schnell wieder leise.

4 Studien zu Bewegungspausen und Konzentration

Die Wirkung von Bewegungspausen ist insgesamt bisher relativ wenig erforscht, insbesondere wenn es um **kurze Bewegungspausen von 5 bis 10 Minuten** und das **Grundschulalter** geht. Viele Lehrkräfte erleben die Wirkung von Bewegungspausen im Alltag und ihnen reicht das augenscheinlich und offenkundig selbst Erlebte aus. Dennoch ist weitere Forschung in diesem Bereich zu fordern, da es an hochwertigen Studien mangelt, vor allem unter Berücksichtigung des weit verbreiteten 45-Minuten-Takts im deutschen Bildungssystem.

Dordel & Breithecker (2003)

Die Autoren verglichen eine Klasse A mit „normalem" Unterricht mit einer Klasse B „Bewegungsaktivitäten auf dem Pausenhof" sowie einer Klasse C „Bewegungsaktivitäten auf dem Pausenhof und Bewegungspausen im Unterricht". Zur Überprüfung der Konzentrationsleistung kam der standardisierte d2-Test zum Einsatz. Das Ergebnis in der allerdings relativ kleinen Gesamtstichprobe (N = 56) war, dass sich die Konzentrationsleistung der Interventionsklassen B und C besser entwickelte als bei der Vergleichsklasse A.

Janssen et al. (2014)

Janssen et al. (2014) analysierten in einer systematischen Übersichtsarbeit den Effekt von Bewegungszeiten bis max. 45 Minuten auf die Konzentrationsleistung von 4- bis 18-Jährigen und schlossen weltweit 12 Studien ein, bei denen die Konzentrationsleistung unterschiedlich gemessen wurde. Laut den Autoren dieser Sekundäranalyse liegt eine schwache Evidenz für das Ergebnis vor, dass Bewegungspausen mit körperlicher Aktivität konzentrationssteigernd wirken. In diese Übersichtsarbeit wurden jedoch nur wenig schulspezifische Studien eingeschlossen und keine, die sich mit ähnlich kurzen Bewegungspausen beschäftigen, wie sie in diesem Buch dargestellt werden.

Kamer, Schmidt & Conzelmann (2015)

In dieser Studie in der Schweiz wurde die Wirkung von 5-Minuten-Bewegungspausen untersucht (N = 97). Die Konzentrationsleistung wurde anhand des Test-d2 gemessen. Die Interventionsgruppe machte vor dem Konzentrationstest eine 5-minütige Bewegungspause mit koordinativ anspruchsvollen, bilateralen Ganzkörperübungen, während in der Kontrollgruppe ein Hörbuch zum Einsatz kam. Zur Dauer der Intervention liegen keine Angaben vor. Ein stärkerer Anstieg der Konzentrationsleistung der Interventionsgruppe weist auf eine positive Wirkung der Bewegungspause hin.

Daly-Smith, Zwolinsky, McKenna, Tomporowski, Defeyter & Manley (2018)

In dieser Übersichtsarbeit zur akuten Wirkung von bewegtem Lernen und Bewegungspausen wurden acht Studien zu Bewegungspausen vergleichend untersucht. Vier der acht eingeschlossenen Studien (keine aus Deutschland) behandeln kurze Bewegungspausen bei Kindern im Grundschulalter. Es wurde nachgewiesen, dass sich Bewegungspausen positiv auf die körperliche Aktivität und Konzentration auswirken können. In diesem Zusammenhang wurden der Umfang und die Intensität thematisiert. Fazit der Autoren ist, dass Bewegungspausen eine Dauer oberhalb von 10 Minuten oder eine hohe Intensität haben sollten. Die Auswirkungen auf die Kognition und die akademische Leistung wurden in dem Review als widersprüchlich beschrieben.

Hanssen-Doose, Ittensohn, Kloock, Oriwol & Worth (2019)

Im Rahmen der Studie wurden kurze Bewegungspausen von ca. 5 Minuten im Fachunterricht evaluiert, die für den Praxisteil dieses Buchs weiter aufbereitet und beschrieben worden sind. 132 Kinder der Klassen 2 bis 4 wurden einbezogen, die – von ihren Lehrkräften unter Alltagsbedingungen angeleitet – möglichst in jeder Schulstunde Bewegungspausen durchführen sollten. Vor und nach der Intervention wurden die Konzentrationsleistung gemessen und zusätzlich fördernde und hemmende Faktoren untersucht. Aus verschiedenen Gründen konnte nicht in jeder Stunde eine Bewegungspause durchgeführt werden, dies war jedoch in 80% der Schulstunden möglich. Die konzentrationssteigernde Wirkung der Bewegungspausen wurde durch die Ergebnisse des d2-Tests belegt. Die Ergebnisse zeigen einen stärkeren Anstieg der Konzentrationsleistung der Interventionsklassen gegenüber den jeweiligen Vergleichsklassen. Die Bewertungen der Bewegungspausen durch die

Schülerinnen und Schüler der Klassen 2, 3 und 4 beziehen sich auf die Organisation, Umsetzung und Wirkungen der Bewegungspausen. Überwiegend wurde die regelmäßige Durchführung von Bewegungspausen mit Wohlbefinden, Freude und Entspannung verbunden. Schülerinnen und Schüler berichteten von gesteigerter Vorfreude auf den Unterricht und davon, dass besseres und konzentrierteres Arbeiten möglich ist. Die nachfolgenden exemplarischen Zitate verdeutlichen dies:

„Bewegungspausen sind das Beste!" (Mädchen, Klasse 4)

„Ich habe mich so anders gefühlt als vorher. Es hat Spaß gemacht, dass ich gehüpft bin und so." (Mädchen, Klasse 2)

„Ich habe mich entspannt gefühlt." (Junge, Klasse 2a)

„Ich freue mich mehr auf den Unterricht, weil wir dann wissen, dass wir nicht nur schreiben müssen, sondern auch mal eine Pause machen können." (Mädchen, Klasse 2)

Daneben wurden auch negative Bewertungen der Bewegungspause abgegeben. Zum Teil bezogen sich diese Aussagen auf einzelne Aspekte der Umsetzung, wie die damit einhergehende Lautstärke, die gewählte Schwierigkeit bzw. die koordinative Anforderung oder einzelne Aspekte der inhaltlichen Ausgestaltung. Aufgrund dieser Erkenntnisse konnte die Zusammenstellung der Bewegungspausen erneut überarbeitet werden und auch eine Einteilung in Bewegungspausen zum Einstieg und fürs fortgeschrittene Stadium vorgenommen werden.

Eine variantenreiche Mischung aus erprobten Bewegungspausen mit Musik und originellen Texten, spielerischen Elementen mit Bällen sowie Bewegungspausen mit Entspannungsschwerpunkt wurden von den Grundschulkindern am besten akzeptiert.

5 Durchführung von Bewegungspausen

Dauer und Initiierung von Bewegungspausen

Bewegungspausen können ritualisiert am Stundenbeginn oder in der Stundenmitte initiiert werden, bedarfsorientiert bei Abfall der Konzentration oder vor einem neuen Thema zur inneren Rhythmisierung des Unterrichts. Eine Dauer bis 5 Minuten für eine einzelne Bewegungspause wird von der Wirkung auf die Konzentration als ausreichend angesehen, auch wenn einige Autoren eine längere Dauer für wünschenswert erachten. Im englischen Sprachraum haben sich sogenannte „Energizer“ etabliert, die mit einer Dauer von 1 bis 3 Minuten sehr kurze Bewegungspausen sind. Diese kurze Dauer ist nur zu erreichen, wenn die Länge von Bewegungspausen kalkulierbar ist. Die Bewegungspause sollte ohne Umschweife beginnen und stringent durchgeführt werden. Der Zeitpunkt der Unterbrechung sollte bewusst bestimmt werden, damit die Unterbrechung den Unterricht sinnvoll und kraftvoll von innen rhythmisiert.

Am Anfang besser einfach!

Lehrkräfte sollten mit den Bewegungs- und Entspannungspausen beginnen, die möglichst einfach sind. Einfach heißt: koordinativ wenig anspruchsvoll, kognitiv leicht zu erfassen, mit wenig oder keinem Material durchzuführen und zeitlich gut zu steuern. Am besten lassen sich Bewegungslieder steuern, da diese per se einen klaren Anfang und ein fixes Ende haben. Auch Bewegungsspiele eignen sich für den Anfang und auch hier gibt es welche mit vorgegebenem Ende (z. B. „Riese und Zwerg“). Ganz gleich, auf welche Bewegungspausen die Wahl am Anfang fällt, wichtig ist, dass diese einen Reiz beinhalten und die Schülerinnen und Schüler ganzheitlich ansprechen. Das Kapitel II enthält eine für den Einstieg geeignete Auswahl.

Arten und Funktionen von Bewegungspausen

Die Gestaltung von Bewegungspausen kann als Bewegungslied, Tanz, Rhythmusaufgabe oder als Bewegungsspiel und -aufgabe erfolgen. Diesen beiden groben Grundrichtungen folgt die Gliederung des Praxisteils. Daneben sind bewegt-entspannte Stundeneinstiege als weitere Art von Bewegungspause zu finden, mit der man den Schultag oder die Unterrichtsstunde bewegt beginnt.
Bei der Auswahl der passenden Bewegungspause nach Aktivierung, Entspannung und Schwierigkeit empfiehlt es sich, alters- und geschlechtsspezifische Bedürfnisse der Kinder zu berücksichtigen. Die in diesem Buch enthaltene Auswahl deckt eine große Bandbreite an Bedürfnissen und Interessen der Kinder ab. In die Auswahl wurden bewusst keine Bewegungspausen aufgenommen, die zeitlich schwer zu steuern sind und „ausufern" können, z. B. erlebnispädagogische Spiele wie der „gordische Knoten".

Einführung von Bewegungspausen

Wird eine Bewegungspause bedarfsorientiert bei Abfall der Konzentration eingesetzt, sollte dies mit einem festen Ritual eingeleitet und beendet werden wie das Öffnen und Schließen des Fensters. Ebenfalls passend ist ein sehr kurzer Spruch oder eine „Codewort", ein Klatschecho oder der Einsatz der Klangschale. Wichtig ist, dass die Schülerinnen und Schüler genau wissen, wann die kurze Unterbrechung beginnt und endet.

Zu Beginn kommt es gelegentlich vor, dass Schülerinnen und Schüler „kein Ende finden" und mit der Bewegungs- oder Entspannungspause weitermachen möchten. Dies betrifft insbesondere spielerische Bewegungspausen und Entspannungspausen ohne vorgegebenes Ende. Hier liegt es an der Lehrkraft selber, das Ende deutlich festzulegen und durchzusetzen. Es muss immer klar sein,

dass das Ende von Bewegungspausen nicht „verhandelbar“ ist und dass die Klasse nur dann regelmäßig Bewegungspausen machen kann, wenn die Schülerinnen und Schüler sich im Anschluss ohne Umschweife wieder in den Unterrichtsstoff vertiefen und zuhören. Wenn einzelne nicht in den Unterricht zurückfinden und stören, muss das Ende der Bewegungspause drastischer eingefordert werden z. B. durch eine Stoppkarte:

Allgemeines Vorgehen bei der Einführung von Bewegungspausen

Manche Bewegungspausen können ohne Übungsphase erklärt und direkt durchgeführt werden (z. B. „Riese und Zwerg“, „Folge meiner Stimme“, ...). Andere benötigen etwas Übung, z. B. Bewegungslieder. Trotz der zu Beginn notwendigen Investition an Übungszeit sind Bewegungslieder für den Anfang gut geeignet, weil sie aufgrund origineller Texte und dazu passenden Bewegungen in der Regel motivierend für die Klasse und dabei zeitlich gut steuerbar sind.

Einführung von Bewegungsliedern

Bei Bewegungsliedern wird zunächst nur der Text eingeführt, dann erst der Text mit der Melodie. Wenn der Gesang beherrscht wird, können die Bewegungen ergänzt werden. Wichtig ist, dass man sich beim ersten Mal etwas Zeit nimmt, das Bewegungslied Schritt für Schritt einzuführen, sodass wirklich alle Schülerinnen und Schüler bei Text und Bewegungen mitkommen und sich die Bewegungen allmählich automatisieren. Wenn Schwierigkeiten auftreten, bietet es sich an, am Anfang das Tempo zu halbieren.

Einführung von Bewegungsspielen und -aufgaben

Einige Bewegungspausen benötigen Material wie Bälle. Hier sollte auf eine Eignung des Materials für den Einsatz im Klassenraum geachtet werden. Geeignete Bälle lassen sich z. B. durch Zeitungspapier selber herstellen oder auch in farbenfrohen Varianten im Sporthandel kaufen.

Vorbild der Lehrkraft

Die Schülerinnen und Schüler lernen nicht nur *durch*, sondern auch *an* der Lehrkraft. Es ist motivierend, wenn Lehrkräfte aktiv mitmachen, Bewegungen demonstrieren und sich als Teil der Klasse zeigen. Durch das Vormachen, aktive Mitmachen und Mitspielen fungieren sie nicht nur als Vorbild und positives Rollenmodell.

Bei den Bewegungspausen mit hoher Intensität sollten Lehrkräfte auch mitmachen und es dürfen nicht nur bei den Schülerinnen und Schülern, sondern auch bei ihnen Belastungsanzeichen sichtbar sein (erhöhte Atemfrequenz, bessere Durchblutung, etc.). Je regelmäßiger die Lehrkräfte dies vorleben, umso normaler wird der Umgang hiermit.

Steigerung der Schwierigkeit und Intensität

Die Schwierigkeit und Intensität einer Bewegungspause kann durch das Spiel mit der Geschwindigkeit gesteigert werden: eine schnellere oder langsamere Durchführung oder eine lautlose (Pantomime).

Auch die Aufgabenstellung an sich kann verändert und die Bewegungen können großräumiger werden oder motorisch schwieriger werden.

Hinweise zur Steigerung und Variation der in diesem Buch vorhandenen Bewegungspausen finden sich nach den jeweiligen Beschreibungen. Wenn die Schülerinnen und Schüler schon ein gewisses Repertoire an Bewegungspausen aus Kapitel II beherrschen, kann die Schwierigkeit durch neue Bewegungsaufgaben gesteigert werden.

In Kapitel III werden Bewegungspausen vorgestellt, die sich erfahrungsgemäß mehr für Fortgeschrittene eignen. Auch diese lassen sich noch steigern und variieren, beispielsweise ausgehend vom einfachen Becherrap bis hin zur komplexen Arbeit mit den Bechern (Sportstacking).

6 Abkürzungsverzeichnis

Welche Art und Funktion haben die Bewegungspausen?

 Bewegungslied, Tanz, Rhythmusaufgabe

 Bewegungsspiele und -aufgabe

 Entspannungspause

 Training der exekutiven Funktionen

Wie lange ist die Dauer?

 Anzahl in Minuten

Wie hoch ist die Intensität?

 Niedrige Intensität

 Mittlere Intensität

 Hohe Intensität

Klassenstufe?

 Klassenstufe

Material?

 Material

II

Bewegungspausen für den Einstieg

Art der Bewegungspause	Nr.	Name der Bewegungspause	Dauer (min)	Intensität	ab Klasse
Bewegungslied, Tanz, Rhythmusaufgabe	1	Dackel Waldemar	2–3	mittel	1
	2	Sinama kaa	2–3	hoch	1
	3	Obwisana sana	2–3	niedrig	1
	4	Mehr Bewegung	2–3	niedrig	1
	5	Müde Kinder	3	mittel	1
	6	Im Kühlschrank die Zwerge	2–3	mittel	2
	7	Hörst du die Regenwürmer husten	2–3	mittel	2
	8	Hab' ne Tante in Marokko	3	hoch	2
	9	Das rote Pferd	2–3	mittel	2
	10	Klatschkanon	1	mittel	1
	11	Sitztanz Lollipop	3-5	mittel	2
	12	Stopp-Tanz	2–3	mittel	1
	13	Bei Müllers hat's gebrannt	2	mittel	1
	14	Ticke-Racke-Rap	3-5	mittel	1
	15	Wo die großen Elefanten spazieren gehen	3	mittel	1
	16	Ein Rum-Sa-Sa	3	mittel	1
Bewegungsspiele und -aufgabe	17	Autospiel	3–5	hoch	1
	18	Popcorn	4	hoch	1
	19	Multiball	4	mittel	1
	20	Raketenstart	1	mittel	1
	21	La Ola	1	mittel	1
	22	Antippen	3	mittel	1
	23	Die Uhr tickt	2	niedrig	1
	24	Der Riese und der Zwerg	4	hoch	2
	25	Kommando Bimberle	3	mittel	1
	26	Fang mich	3–4	mittel	3
	27	Zip-Zap	5	mittel	2
	28	Autobahnball	2–3	mittel	2
	29	Bewegungskette	4	mittel	1
	30	Alle, die ...	3–5	mittel	1
	31	Honigklecks	2–3	hoch	2
	32	Zeitungspapier-Ball	2–3	hoch	2
	33	Ra-Li-Spiele	3–5	mittel	1
Entspannungs-pausen	34	Balancierparcours	5	niedrig	1
	35	Balancierspiel	3–4	niedrig	2
	36	„Morgenstimmung"	2–3	niedrig	1
	37	Körperwahrnehmung	3	niedrig	1
	38	Massage	5	niedrig	1
	39	Folge meiner Stimme blind	1	niedrig	1
	40	Ruhig und entspannt	1	niedrig	1
	41	Stilleübung	2	niedrig	1
	42	Ein kleines Hallo geht auf die Reise	2	niedrig	1
	43	Zählendes Ausatmen	5	niedrig	1
	44	Der Fächer erfrischt mich	3	niedrig	1

	Stundenabschnitte und Unterrichtsinhalte	Organisatorische Hinweise
	1 Dackel Waldemar	
Inhalt	**Liedtext** (mit Bewegungen) „Mein Dackel Waldemar (mit der Hand kleinen Hund anzeigen) und ich (auf sich selber zeigen), wir zwei (zwei Finger in die Luft halten), wir wohnen in der (mit den Händen ein Dach formen) Regenbogenstraße (Bogen mit dem Arm beschreiben) drei (drei Finger in die Luft halten) und wenn wir draußen eine Runde drehen (im Kreis marschieren), dann kann man Dackelbeine wackeln sehen.“ (Knie schnell öffnen und schließen)	**Material** wahlweise CD, CD-Player Bewegungslied 2–3 Minuten mittlere Intensität ab Klasse 1
Durchführung	Lied einmal vorsingen und vormachen, dann zunächst den Text einführen und dann mit oben stehenden Bewegungen kombinieren. Kann direkt am Platz oder im Stehkreis erfolgen.	
Variationen	Tempo des Lieds steigern und verlangsamen, Bewegungen ohne Gesang (Pantomime).	

Quellen	Metcalf, R. (2014). *Das wilde Tier. 15 überlieferte Spiellieder für ungezähmte Kinder.* Berlin: Nubel. Metcalf, R. & Nubel, K. (2001). *Das wilde Tier. Begleitheft mit Noten, Gitarrenakkorden, Texten und Spielanregungen zu 15 überlieferten Spielliedern für ungezähmte Kinder.* Berlin: Nubel.	

Stundenabschnitte und Unterrichtsinhalte | Organisatorische Hinweise

2 Simama kaa

Inhalt

Liedtext (mit Bewegungen)

Simama	(stehen)
kaa,	(sitzen)
simama	(stehen)
kaa,	(sitzen)
ruka ruka ruka,	(3-mal beidbeinig hochhüpfen)
Simama	(stehen)
kaa	(sitzen)
Tembea	(gehen auf der Stelle)
kimbia,	(rennen auf der Stelle)
tembea	(gehen auf der Stelle)
kimbia,	(rennen auf der Stelle)
ruka ruka ruka	(3-mal beidbeinig hochhüpfen)
simama	(stehen)
kaa	(sitzen)

„Simama kaa" ist ein lustiges Bewegungslied aus Tansania (in der Sprache Kiswahili),
Simama = stehen, kaa = sitzen, ruka = hüpfen, tembea = gehen, kimbia= rennen

Durchführung

Ausgangsposition ist stehend direkt vor einem Stuhl. Zunächst den Liedtext vorsprechen und nachsprechen lassen, dann gesprochenen Text mit langsamen Bewegungen kombinieren. Wenn Text und Bewegungen verinnerlicht: gemeinsames Singen!

Variationen

Langsam und sehr schnelles Tempo, lautloses Singen oder Pantomime, statt im Sitzen im Stehen beginnen und die Bewegungspause frei im Raum durchführen (Stühle an die Tische)

Quellen

Textliche Beschreibung durch Anke Hanssen-Doose auf der Grundlage von Höfele, H. E. & Steffe, S. (2004). *Kindertänze aus aller Welt: lebendige Tänze, Kreis-, Bewegungs- und Singspiele rund um den Globus.* Aachen: Ökotopia.

Material
Stühle

Bewegungslied

2–3 Minuten

hohe Intensität

ab Klasse 1

	Stundenabschnitte und Unterrichtsinhalte	Organisatorische Hinweise
	3 Obwisana sana	
Inhalt	**Liedtext** (mit Bewegungen im Kreis): Obwi (zweimal mit Gegenstand klopfen) sana, (und nach rechts weiterreichen) sa nana, (Gegenstand des linken Partners nehmen) Obwisana sa nana Obwisana sa Obwisana sa nana Obwisana sa	**Material** Gegenstand (Stein, Radiergummi, ...) Bewegungslied 2–3 Minuten niedrige Intensität ab Klasse 1
Durchführung	Immer bei „Obwi" wird zweimal mit dem Gegenstand (z. B. Stein oder Klangholz) geklopft, dann zum rechten Nachbarn weiterreichen und von linkem Partner Gegenstand nehmen.	
Variationen	Die Geschwindigkeit verdoppeln	

Quellen	Textliche Beschreibung durch Anke Hanssen-Doose, traditionell überliefertes Lied und Steinspiel aus Ghana von unbekanntem Verfasser, Noten und englische Beschreibung: https://www.bethsnotesplus.com/wp-content/uploads/2015/10/Obwisana.pdf	

Stundenabschnitte und Unterrichtsinhalte		Organisatorische Hinweise

4 Mehr Bewegung

Inhalt

Liedtext (auf die Melodie von Bruder Jakob)

„Mehr Bewegung, mehr Bewegung,
das tut gut, das tut gut.
Kommt macht alle mit, kommt macht alle mit,
So bleibt man fit, so bleibt man fit!

Auf ein Bein, auf ein Bein,
steh ganz ruhig, steh ganz ruhig.
Du bist ein Elefant, du bist ein Elefant,
wie elegant, wie elegant."

Durchführung

Bei diesem kurzen Lied bietet es sich an, die Kinder in Gruppen eigene Bewegungen zu den einzelnen Textteilen erfinden zu lassen. Jede Gruppe darf ihre Bewegungsideen vor der Klasse vorführen und alle Zuschauer machen mit.
Die beliebteste Bewegungsvariante wird dann im Kanon gesungen und bewegt.

Variationen

Da der Text ganz einfach aufgebaut ist, lassen sich leicht noch weitere Strophen zusammen mit den Kindern erfinden.

Quellen

Textliche Neubearbeitung von Caroline Handtmann, traditionell überlieferte Melodie „Bruder Jakob"

Organisatorische Hinweise

Material
wahlweise CD, CD-Player

Bewegungslied

2–3 Minuten

niedrige Intensität

ab Klasse 1

	Stundenabschnitte und Unterrichtsinhalte	Organisatorische Hinweise
	5 Müde Kinder	
Inhalt	**Liedtext** (Nach der Melodie von „What shall we do …“) Refrain: Was machen wir mit müden Kindern? Was machen wir mit müden Kindern? Was machen wir mit müden Kindern Morgens in der Schule? Händeklatschen, Fingerschnippen, ganz leicht mit den Hüften wippen, Händeklatschen, Fingerschnippen, morgens in der Schule. Bein hoch heben und ruhig stehen und so in die Hocke gehen. Bein hoch heben und ruhig stehen, morgens in der Schule Balancieren auf den Zehen, wie auf einer Linie gehen. Balancieren auf den Zehen, morgens in der Schule	**Material** wahlweise CD, CD-Player Bewegungslied 3 Minuten mittlere Intensität ab Klasse 1
Durchführung	Die Bewegungen ergeben sich, wie so oft, aus dem Liedtext. Also einfach lossingen und mitmachen, was gerade gesungen wird.	
Variationen	Schnell, langsam, laut, leise singen.	
Quellen	Textliche Neubearbeitung von Caroline Handtmann, traditionell überlieferte Melodie aus England „What shall we do with the drunken sailor?“ Horn, R. & Handtmann, C. (2016). *Bewegungspausen. Mit Bewegung durch den Schultag*. Lippstadt: KONTAKTE Musikverlag.	

Stundenabschnitte und Unterrichtsinhalte		Organisatorische Hinweise

6 Im Kühlschrank die Zwerge

Inhalt

Liedtext (mit Bewegungen)

„Im Kühlschrank,	(Rechteck in Luft malen)
die Zwerge,	(Zipfelmütze aufsetzen)
sie frier'n,	(sich warm reiben)
fallera.	(dreimal klatschen)
Sie können sich vor Kälte nicht rasier'n,	(über Wangen und Kinn streichen)
fallera.	(dreimal klatschen)
Sie tanzen	(Tanz nachahmen)
ohne Hose,	(mit den Händen über die Hose streichen)
um die Butterdose,	(mit den Fingern um eine Handfläche tanzen)
komm her und	(mit den Zeigefingern heranwinken)
probier' es doch auch einmal."	(Tanz nachahmen)

Durchführung

Lied vorsingen/ vorspielen und mitsingen. Dazu die vorgegebenen Bewegungen durchführen. Die Schülerinnen und Schüler können bei wiederholtem Durchführen mitsingen.

Variationen

Laut und leise singen; langsam und schnell singen/bewegen.

Quellen

Handtmann, C. (2014). *Bewegte Schule. Praxisideen für die Bewegte Schule.* Unveröffentlichte Fortbildungsunterlagen. Hardtgrundschule Karlsruhe.

Organisatorische Hinweise

Material wahlweise CD, CD-Player

Bewegungslied

2–3 Minuten

mittlere Intensität

ab Klasse 2

Stundenabschnitte und Unterrichtsinhalte			Organisatorische Hinweise

7 Hörst du die Regenwürmer husten

Inhalt

Liedtext (mit Bewegungen)

„Hörst du die Regenwürmer husten,	(Hände ans Ohr, danach: leicht husten)
wenn sie durchs dunkle Erdreich zieh'n?	(Handflächen zusammendrücken und Schlangenbewegungen machen)
Wie sie sich winden –	(Mit einem Arm durch die Luft wedeln)
und dann verschwinden auf nimmer, nimmer, Wiedersehen.	(In die Hocke gehen, klein machen und dann wieder aufstehen)
Und wo sie waren, da ist ein Loch, Loch, Loch	(Mit den Händen einen Kreis formen und dazu wippen)
und wenn sie wiederkommen,	(Handflächen zusammendrücken und Schlangenbewegungen machen)
ist es immer noch, noch, noch.	(Mit den Händen einen Kreis formen und dazu wippen)

Durchführung

Lied vorspielen/vorsingen und mitsingen. Dazu die vorgegebenen Bewegungen durchführen. Die Schülerinnen und Schüler können bei wiederholtem Durchführen mitsingen.

Variationen

Laut und leise singen; langsam und schnell singen/bewegen.

Quellen

Hering, W. (1995). *Spiele und Musik von 2–5. Bewegungslieder für Kinder.* Reinbek: Rowohlt.

Organisatorische Hinweise

Material wahlweise CD, CD-Player

Bewegungslied

2–3 Minuten

mittlere Intensität

ab Klasse 2

	Stundenabschnitte und Unterrichtsinhalte		Organisatorische Hinweise
	8 Hab' ne Tante in Marokko		
Inhalt	**Liedtext** (mit Bewegungen)		**Material** wahlweise CD, CD-Player
	1. „Hab 'ne Tante aus Marokko und die kommt hip, hop!	(bei „hip" mit der linken Hand über die linke Schulter zeigen, bei „hop" mit der rechten Hand über die rechte Schulter zeigen)	
	Hab 'ne Tante aus Marokko und die kommt hip, hop! Hab 'ne Tante aus Marokko, hab 'ne Tante aus Marokko, hab 'ne Tante aus Marokko und die kommt hip, hop!		Bewegungslied
	2. Und sie kommt auf zwei Kamelen, wenn sie kommt, hip hop, hoppeldihopp!	(bei „hoppeldihopp" mit einer Hand eine Wellenbewegung vor dem Körper machen)	
	3. Und sie schießt mit zwei Pistolen, wenn sie kommt, hip hop, hoppeldihopp, pfiff, pfaff!	(bei „pfiff, pfaff" beide Hände zu einer Pistole machen und dann abwechselnd schießen)	3 Minuten
	4. Und dann läuten wir die Glocken, wenn sie kommt, hip hop, hoppeldihopp, piff paff, ding dong.	(bei „ding dong" beide Arme hin- und herbewegen)	mittlere Intensität
	5. Und dann singen wir ein Liedchen, wenn sie kommt, hip hop, hoppeldihopp, piff paff, ding dong, la la!	(bei „la la" beide Arme dirigieren)	ab Klasse 1
	6. Und dann backen wir 'nen Kuchen, wenn sie kommt, hip hop, hoppeldihopp, piff paff, ding dong, la la, back back!	(bei „back back" die Nase zuhalten)	
	7. Und dann kriegen wir 'nen Brief, dass sie nicht kommt, hip hop, hoppeldihopp, piff paff, ding dong, la la, back back, ooooh!	(bei „ooooh" Hand auf die Wange legen und ein trauriges Gesicht machen)	
	8. Und dann schickt sie uns 'ne Mail, dass sie doch kommt, hip hop, hoppeldihopp, piff paff, ding dong, la la, back back, ooooh!, Juchhu!"	(bei „Juchhu" beide Arme nach oben strecken)	

Stundenabschnitte und Unterrichtsinhalte		Organisatorische Hinweise

Durchführung	Lied vorspielen/vorsingen und mitsingen. Jedes Geräusch wird mit einer Bewegung versehen, dadurch wird die Bewegungskette immer länger. Die Schülerinnen und Schüler können bei wiederholtem Durchführen mitsingen.	
Variationen	Die Kinder können sich weitere Strophen ausdenken.	
Quellen	Horn, R. & Blanke, D. (2016). *Bewegungspausen. Mit Bewegung durch den Schultag* (CD, Lied Nr. 4). Lippstadt: KONTAKTE Musikverlag. Horn, R. & Handtmann, C. (2016). *Bewegungspausen. Mit Bewegung durch den Schultag*. Lippstadt: KONTAKTE Musikverlag.	

Stundenabschnitte und Unterrichtsinhalte		Organisatorische Hinweise

9 Das rote Pferd

Inhalt

Liedtext (mit Bewegungen)

„Da hat das rote Pferd	(mit beiden Händen auf die eigenen Oberschenkel klatschen und ein Pferd imitieren)
sich einfach umgekehrt	(die Arme überkreuzen und weiterhin auf die Oberschenkel klatschen)
und hat mit seinem Schweif die Fliege abgewehrt.	(mit dem Arm eine Abschüttelbewegung machen)
Die Fliege war nicht dumm,	(Zeigefinger heben)
sie machte summ, summ, summ	(Daumen und Zeigefinger aufeinander bewegen)
und flog mit viel Gebrumm	(mit angewinkelten Ellenbogen Flügelschläge zeigen)
ums rote Pferd herum.“	(Zeigefinger im Kreis drehen)

zweite Strophe:
„Da war sie wieder da und machte groß Trara, obwohl sie doch nur eine kleine Fliege war. Und sie sprach: „Bitte sehr, ich find das gar nicht fair, wenn du nicht aufhörst, hol ich meine Freunde her.“

Durchführung

Lied vorspielen/vorsingen und mitsingen. Dazu die vorgegebenen Bewegungen durchführen. Die Schülerinnen und Schüler können bei wiederholtem Durchführen mitsingen.

Variationen

Lied kann beliebig oft wiederholt werden.

Quellen

Horn, R. & Handtmann, C. (2016). *Bewegungspausen. Mit Bewegung durch den Schultag*. Lippstadt: KONTAKTE Musikverlag.

Organisatorische Hinweise

Material wahlweise CD, CD-Player

Bewegungslied

2–3 Minuten

mittlere Intensität

ab Klasse 2

	Stundenabschnitte und Unterrichtsinhalte	Organisatorische Hinweise
	10 Klatschkanon	
Inhalt	**Rhythmus** 4-mal in die Hände klatschen 4-mal auf die Schenkel patschen 4-mal auf den Boden stampfen 4-mal mit den Fingern schnipsen Hallo, Hallo, Hallo, Hallo rufen!	**Material** keines
Durchführung	Mit den Schülerinnen und Schülern den Klatschkanon einführen und diesen mehrmals gemeinsam wiederholen.	Rhythmusaufgabe 1 Minute
Variationen	Das Wort „Hallo“ lässt sich beliebig z. B. durch „Morgen“ austauschen! Schwierigkeitsstufe 1: Klatschkanon (mit zwei Gruppen). Schwierigkeitsstufe 2: Klatschkanon (mit vier Gruppen).	mittlere Intensität ab Klasse 1
Quellen	Handtmann, C. (2014). *Bewegte Schule. Praxisideen für die Bewegte Schule.* Unveröffentlichte Fortbildungsunterlagen. Hardtgrundschule Karlsruhe.	

Stundenabschnitte und Unterrichtsinhalte		Organisatorische Hinweise

11 Sitztanz Lollipop

Inhalt	**Alle Bewegungen werden zweimal ausgeführt:** • **Patschen** (Schenkel); **Klatschen** • **Flache Hände mit Handrücken nach oben übereinander kreuzen** (rechts oben) • **Flache Hände mit Handrücken nach oben übereinander kreuzen** (links oben) • Patschen auf die Schenkel des linken Nachbarn • Patschen auf die Schenkel des rechten Nachbarn • Linker Zeigefinger hochstrecken, dabei stützt rechte Hand den linken Ellbogen • Rechter Zeigefinger hochstrecken, dabei stützt linke Hand den rechten Ellbogen • Hände gegeneinander rollend nach oben bewegen • Hände gegeneinander rollend nach unten bewegen • **Klatschen** (nur einmal) • **Aufstehen, alle wechseln einen Platz weiter** (nun wieder von vorne beginnen)	**Material** Stühle wahlweise CD, CD-Player Rhythmusaufgabe 3–5 Minuten mittlere Intensität ab Klasse 2
Durch-führung	Die Schülerinnen und Schüler bilden einen Stuhlkreis. Sie sollen eng nebeneinander sitzen, so dass sie mit ihren Händen zu ihren Nachbarn reichen können. Bei Refrain und Strophen gleicher Bewegungsablauf. Am Ende jedes Bewegungsablaufs wechseln die Schülerinnen und Schüler einen Platz weiter nach links. Bewegungsablauf beginnt dann von Neuem. Zu Beginn Bewegungen ohne Musik ausführen.	
Variationen	Falls der komplette Bewegungsablauf die Schülerinnen und Schüler überfordert, können auch die dick markierten Bewegungen (oben) dreimal hintereinander ausgeführt werden. Danach folgt direkt das dickmarkierte einmalige Klatschen (unten) und die Schülerinnen und Schüler wechseln einen Platz weiter.	
Quellen	Höglinger-Winter, S. & Emberger N. (2006). *Bewegte Pausen im Klassenzimmer. Bei Grundschulkindern neue Energien wecken.* München, Düsseldorf, Stuttgart: Oldenbourg Schulbuchverlag.	

Stundenabschnitte und Unterrichtsinhalte		Organisatorische Hinweise
	12 Stopp-Tanz	
Inhalt	Bewegungsspiel, bei dem sich die Schülerinnen und Schüler auf Musik bewegen und bei Musikstopp sofort einfrieren sollen.	**Material** wahlweise CD, CD-Player
Durch-führung	Die Schülerinnen und Schüler bewegen sich frei und individuell im Raum. Sobald die Musik stoppt, müssen alle stehen bleiben und in ihrer Bewegung „einfrieren“. Möglich ist es auch, Bewegungen vorzugeben, die dann von allen Schülerinnen und Schülern ausgeführt werden müssen, bis die Musik wieder stoppt. Diese Rolle können auch die Schülerinnen und Schüler übernehmen.  Mögliche Bewegungen: • Rückwärts gehen, seitwärts gehen • Auf den Zehenspitzen, auf den Fersen laufen • Wie ein Schlittschuhläufer gleiten • Kinderhopser vorwärts • Seitgalopp • Mit den Handkanten die Luft zerschneiden • Wie ein Roboter tanzen, in Spiralen tanzen • Auf dem rechten/linken Bein hüpfen	Bewegungsspiel 2–3 Minuten mittlere Intensität ab Klasse 1
Variationen	Weitere Bewegungen überlegen.	
Quellen	Hering, W. & Zachmann, H. (2005). *MOVE TO THE MUSIC. Musik – und Bewegungsspiele*. Aachen: Meyer & Meyer.	

Stundenabschnitte und Unterrichtsinhalte | Organisatorische Hinweise

13 Bei Müllers hat's gebrannt, brannt, brannt …

Inhalt

Liedtext

Bei Mül – lers hat's ge – brannt, brannt brannt,
da bin ich schnell ge – rannt, rannt, rannt,
da kam ein Po – li – zist, zist, zist,
der schrieb mich auf die List, List, List,
die List fiel in den Dreck, Dreck, Dreck,
da war mein Name weg, weg, weg,
da lief ich schnell nach Haus, Haus, Haus,
und die Ge – schicht war aus, aus, aus!

Durchführung

Partnerweise gegenüberstellen. Bei der ersten Silbe klatscht man in die eigenen Hände, bei der zweiten Silbe klatscht man die rechten Hände gegeneinander mit dem Partner, bei der dritten Silbe klatscht man wieder in die eigenen Hände und bei der vierten klatscht man die linken Hände gegeneinander mit dem Partner. Bei der dreimaligen Wortwiederholung klatscht man beide Hände auf Brusthöhe gegen die des Partners. Das wiederholt man z. B. 8-mal und versucht sich dabei zu steigern.

Variationen

Es gibt verschiedene überlieferte zusätzliche Strophen und die Schülerinnen und Schüler können auch neue „dichten".

Quellen

Traditionell überliefertes Klatschspiel unbekannten Ursprungs, textliche Bearbeitung und Bewegungsbeschreibung durch Anke Hanssen-Doose.

Material
keines

Bewegungslied

2 Minuten

mittlere Intensität

ab Klasse 1

Stundenabschnitte und Unterrichtsinhalte		Organisatorische Hinweise
14 Ticke-Racke-Rap		
Inhalt	**Raptext** (mit Bewegungen): „Position Finger: Ticke-Tacke (rechten und linken Zeigefinger hochhalten) und nach oben Ticke-Tacke (bei Ticke-Tacke, beide Zeigefinger nach oben) und nach unten Ticke-Tacke (bei Ticke-Tacke, beide Zeigefinger nach unten) und nach links Ticke-Tacke (bei Ticke-Tacke, beide Zeigefinger nach links) und nach rechts Ticke-Tacke (bei Ticke-Tacke, beide Zeigefinger nach rechts) und nach vorne Ticke-Tacke (bei Ticke-Tacke, beide Zeigefinger nach vorne) und nach hinten Ticke-Tacke (bei Ticke-Tacke, beide Zeigefinger nach hinten) und noch einmal rings im Kreis herum." (einmal um sich selbst drehen)	**Material** keines Rhythmusaufgabe 3–5 Minuten mittlere Intensität ab Klasse 1
Durchführung	Dieser Ablauf kann genau so mit vielen verschiedenen Kommandos/Positionen wiederholt werden. Z. B.: Position Faust: Bum Bum, Position flache Hand: Schieb-Schieb …	
Variationen	Die Kinder erfinden gerne eigene Kommandos und Signalwörter, z. B. Position Adler: Schwing-Schwing, Position Hase: Hoppel-Hoppel, Position Mäuslein: Piep-Piep, Position Rennpferd: Galopp-Galopp	
Quellen	Idee unbekannt, Textliche Bearbeitung durch Caroline Handtmann.	

Stundenabschnitte und Unterrichtsinhalte			Organisatorische Hinweise

15 Wo die großen Elefanten spazieren gehen

Inhalt

Liedtext

Was müssen das für Bäume sein	(dabei kreisförmig eine große Baumkrone formen)
wo die großen	(auf Zehenspitzen Arme hochreißen)
Elefanten	(Elefantenrüssel mit beiden Armen darstellen)
spazieren geh'n,	(spazieren auf der Stelle)
ohne	(mit rechten Zeigefinger verneinen)
sich zu stoßen.	(Ellenbogen nach außen).
Rechts sind Bäume	(mit Händen nach rechts zeigen),
links sind Bäume	(mit Händen nach links zeigen),
und dazwischen Zwischenräume	(Zwischenräume zeigen)
wo die großen	(auf Zehenspitzen Arme hochreißen)
Elefanten	(Elefantenrüssel mit Händen darstellen)
spazieren geh'n,	(spazieren auf der Stelle)
ohne	(mit rechten Zeigefinger verneinen)
sich zu stoßen	(Ellenbogen nach außen).
Was müssen das für Flüsse sein,	(Arme weit zur Seite öffnen)
wo die großen	(auf Zehenspitzen Arme hochreißen)
Elefanten	(Elefantenrüssel mit beiden Armen darstellen)
baden geh'n,	(Schwimmbewegung imitieren)
ohne Badehosen.	(Badehose herunterziehen)
Rechts sind Flüsse	(mit Händen nach rechts zeigen),
links sind Flüsse,	(mit Händen nach links zeigen)
und dazwischen Bambusbüsche,	
wo die großen	(auf Zehenspitzen Arme hochreißen)
Elefanten	(Elefantenrüssel mit beiden Armen darstellen)
baden geh'n,	(Schwimmbewegung imitieren)
ohne Badehosen.	(Badehose herunterziehen).

Material
keines

Bewegungslied

3 Minuten

mittlere Intensität

ab Klasse 1

	Stundenabschnitte und Unterrichtsinhalte	Organisatorische Hinweise

Durchführung	Lied einmal vorsingen und vormachen, dann zunächst den Text einführen und dann mit oben stehenden Bewegungen kombinieren. Kann direkt am Platz oder im Stehkreis erfolgen.	
Quellen	Traditionell überliefertes Lied unbekannten Ursprungs, textliche Beschreibung und Bewegungen: Anke Hanssen-Doose.	

	Stundenabschnitte und Unterrichtsinhalte	Organisatorische Hinweise
	16 Ein Rum-Sa-Sa	
Inhalt	**Liedtext** (auf die Melodie von „Aram-Sam-Sam“) Ein Rum – Sa – Sa, ein Rum – Sa – Sa Wulli, wulli, wulli, wulli, wulli, Rum – Sa – Sa Be-we-gen, Be-we-gen, Wulli, wulli, wulli, wulli, wulli, Rum – Sa – Sa	**Material** wahlweise CD, CD-Player Bewegungslied 3 Minuten mittlere Intensität ab Klasse 1
Durchführung	Die Bewegungen können wie bei Aram-Sam-Sam durch patschen, klatschen und verbeugen ausgeführt werden, oder die Kinder denken sich wieder eigene Bewegungen aus.	
Variationen	Dieses Lied kann auch sehr schön und einfach im Kreis getanzt werden.	
Quellen	Melodie mündlich überliefert „Aram-Sam-Sam“, Textbearbeitung: C. Handtmann.	

Stundenabschnitte und Unterrichtsinhalte		Organisatorische Hinweise
17 Autospiel		
Inhalt	„Ihr seid alle Autos und dürft euch beim Fahren nicht berühren! Eure Autos haben vier Gänge vorwärts und einen Rückwärtsgang. Gang 1 und 2 geht ihr langsam und etwas zügiger. Gang 3 und 4 lauft ihr langsam und etwas zügiger. Rückwärts fahrt ihr langsam, da ihr nicht so gut sehen könnt. Ihr vermeidet jegliche Berührung der Autos untereinander. Schaltet jetzt in den ersten Gang, (...) dann in den zweiten, (...), dann in den dritten Gang *(variieren je nach gewünschter Intensität, Rückwärtsgang einbauen).* **Optionale Verlängerung** (Entspannungspause mit Massage) Nach der Fahrt fahren die Autos durch die Waschanlage. Die Hälfte der Klasse bildet eine Gasse und ist die Waschanlage und die zweite Hälfte bleiben „Autos“. Die „Autos“ gehen mit dem Rücken in Torwartstellung durch die Waschanlagen-Gasse und lässt sich (1. Paar) vorsichtig einschäumen, (2. Paar) abbürsten, (3. Paar) abrubbeln, (4. Paar) mit Wasser betröpfeln und abtrocknen und (5. Paar) trockenreiben. Nach der Waschanlage fahren die Autos noch eine langsame Runde im ersten Gang zum Ausgangspunkt. Dann Wechsel.	**Material** keines Bewegungsgeschichte 3–5 Minuten hohe Intensität ab Klasse 1
Durchführung	Stolperfallen im Raum entfernen, Ranzen aufhängen oder unter den Tisch schieben. Dann leitet die Lehrkraft das Spiel für die ganze Klasse an. Die Intensität ist regulierbar über die Gänge, eine hohe Intensität ist über die Nutzung von Gang 3 und 4 erreichbar. Als Cool-Down Gänge entsprechend „runterschalten“ oder in die Waschanlage fahren (Entspannungspause.)	
Quellen	Anke Hanssen-Doose	

Stundenabschnitte und Unterrichtsinhalte		Organisatorische Hinweise

18 Popcorn

Inhalt

FUNtervals kombinieren einfache, kurze Geschichten mit sehr intensiven Bewegungen.

Geschichte (mit Bewegungen)

Eure Klasse hat die Aufgabe, Popcorn für die gesamte Schule zu machen. Ziel ist es, 20 Tüten Popcorn für die erste Ladung zu machen und diese Anzahl in der zweiten Ladung zu übertreffen.

1. **Greife nach den Popcorn-Säcken im obersten Regal und lege sie in eine riesige Schüssel vor dir.**
   (Strecke dich und gehe in die Hocke)
2. **Lass das Popcorn aufplatzen.**
   (Springe in den „Stern")
3. **Schaufel das Popcorn in einen riesigen Sack und stelle den vollen Sack danach ins Regal.**
   (Gehe in die Hocke und schaufle mit deinen Armen, strecke dich danach nach oben)
4. **Liefere das Popcorn.**
   (Laufe auf der Stelle, um das Popcorn in die Cafeteria zu liefern, solange es noch heiß ist)
5. **Oh nein! Das Popcorn wurde verbrannt!**
   (Wiederhole die Schritte 1 bis 4 und versuche die erste Ladung zu übertreffen.

Durchführung

Der Lehrer erzählt die Bewegungsgeschichte und demonstriert die Bewegung. Währenddessen führen die Schüler die Bewegungen (1 bis 4) für 20 Sekunden in einem maximalen möglichen Tempo aus. Zwischen den Bewegungsaufgaben gibt es eine Pause von 10 Sekunden. Hierfür kann ein Zeitnehmer zu Beginn der Bewegungspause bestimmt werden.

Schritt 1:
Greife nach den Popcorn-Säcken im obersten Regal und lege sie in eine riesige Schüssel vor dir.

Organisatorische Hinweise

Material
keines

Bewegungsgeschichte

4 Minuten

hohe Intensität

ab Klasse 1

Stundenabschnitte und Unterrichtsinhalte	Organisatorische Hinweise

Schritt 2:
Lass das Popcorn aufplatzen.

Schritt 3:
Schaufel das Popcorn in einen riesigen Sack und stelle den vollen Sack danach ins Regal.

Schritt 4:
Liefere das Popcorn!

Schritt 5:
Oh nein! Das Popcorn wurde verbrannt!

Variationen

Die Schülerinnen und Schüler können die Geschichte nach Belieben weiterentwickeln und abwandeln. Es ist wichtig, dass hochintensive Hoch-Tief-Bewegungen und Sprünge integriert werden um entsprechende Effekte auf das Herz-Kreislauf-System zu haben.

Quellen

Textliche Bearbeitung durch Anke Hanssen-Doose & Mary-Jane Schnaible auf der Grundlage von Ma, J., (2014). *FUNtervals. High Intensity Interval Games. Work Hard, Play Hard* (Seite 8). Zugriff am 05. September 2019 unter https://www.bildungsbuero-ravensburg.de/site/LRA_RV_Bildungsbuero_2017/get/documents_E-209326429/chancenpool/Mediathek_LRA_RV_Bildungsbuero/4Schul-%20und%20Unterrichtsentwicklung/Activity-Booklet-FUNtervals.pdf

Stundenabschnitte und Unterrichtsinhalte		Organisatorische Hinweise

19 Multiball

Inhalt

Bewegungsspiel, bei dem ein Ball in einer bestimmter Reihenfolge weitergegeben wird.

Durchführung

Die Schülerinnen und Schüler bilden einen Stehkreis.
Die Lehrkraft beginnt das Spiel, indem sie einem beliebigen Kind einen geeigneten Ball zuwirft. Dieses Kind wirft den Ball sofort weiter, muss sich jedoch einprägen, von wem es den Ball bekommen hat und an wen es den Ball weitergegeben hat. In der ersten Runde verschränkt jedes Kind, das den Ball bereits einmal gefangen hat, die Arme. Am Ende geht der Ball zurück zur Lehrkraft. Nun beginnt die Runde von vorne und die Lehrkraft schickt nach und nach mehrere Bälle gleichzeitig los, welche alle denselben Weg zurücklegen. Die Kinder sollen vor dem Werfen Augenkontakt aufnehmen und ggfs. den Namen des Mitschülers rufen.
Geeignete Bälle sind welche, die gut greifbar und nicht zu hart sind und mit denen sich dennoch gut zielen lässt. Diese können z. B. aus zerknülltem Zeitungspapier oder aus geknoteten Stoffresten („Lumpenbälle") selber angefertigt werden. Besonders bunte und fürs Greifen aufgrund der Beschaffenheit spannende Bälle gibt es verschiedene im Sporthandel zu kaufen z. B. weiche Softbälle, Buschwuschbälle, geknüpfte Reisbälle, O-Bälle, etc.

Variationen

- Keinen Stehkreis bilden, sondern einfach stehend am Platz bleiben (geht schneller).
- Im Klassenzimmer werden vier kleine Kreise gebildet und je ein Spielleiter bestimmt. Hier wird schnell, jedoch nur mit einem Ball gespielt.
- Richtungswechsel – umgekehrte Reihenfolge: das Kind wirft den Ball zurück zu dem Kind, von dem es den Ball bekommen hat.

Quellen

Weiterentwickelt von Anke Hanssen-Doose, frühere Quelle z. B. Bartl, A. (2004). *Muntermacher-Spiele für Grundschulkinder* (1. Aufl.). Berlin: Cornelsen Scriptor.

Organisatorische Hinweise

Material
4–7 Wurfgegenstände (unterschiedliches Gewicht, Größe, Beschaffenheit)

Bewegungsspiel

4 Minuten

mittlere Intensität

ab Klasse 1

	Stundenabschnitte und Unterrichtsinhalte	Organisatorische Hinweise
	20 Raketenstart	
Inhalt	**Reihenfolge eines Raketenstarts** 1 Die Hände aneinander reiben. 2 Mit den Fingern auf den Tisch trommeln. 3 In die Hände klatschen. 4 Auf die Oberschenkel patschen. 5 Mit den Füßen auf den Boden stampfen und Startgeräusche artikulieren. 6 Aufstehen und die Arme in die Höhe strecken (die Rakete startet).	**Material** keines
Durch-führung	Die ganze Klasse lässt gemeinsam eine Rakete starten. Die Bewegungen 1–6 nacheinander mit den Schülerinnen und Schülern durchführen. **Mögliche Anlässe für einen Raketenstart** Signal für den Beginn einer Stunde Signal für eine neue Lerneinheit Geburtstag	Bewegungs-aufgabe 1 Minute mittlere Intensität ab Klasse 1
Variationen	Auch ein Schüler oder eine Schülerin kann die Rolle des Anleitenden bei erneuter Durch-führung übernehmen.	
Quellen	Bierögel, S. & Hemming, A. (2008). *Bewegungsspiele im Klassenzimmer. Neue Ideen für alle Grundschulfächer* (Materialien für den Unterricht). Garching b. München: Hase und Igel-Verlag.	

	Stundenabschnitte und Unterrichtsinhalte	Organisatorische Hinweise
	21 La Ola	
Inhalt	Gründe zur Freude und zum Feiern gibt es viele! Wenn jemand Geburtstag, ein Schüler die Lösung schnell gefunden hat, die Nationalmannschaft ein wichtiges Spiel gewonnen hat. Ähnlich wie die Bewegungspause „Raketenstart“ ist die „La Ola“ sehr kurz. **Sie veranstalten mit den Schülerinnen und Schülern eine La-Ola-Welle** Das geht so: Arme nacheinander nach oben reißen, jubeln und ggfs. dabei hochspringen, dann wieder senken. Die La Ola Welle geht durch den ganzen Klassenraum. Dabei stehen zunächst alle auf und die La-Ola-Welle geht in einer festgelegten Reihenfolge durch den Raum, z. B. von Tisch zu Tisch, von links nach rechts oder von vorne nach hinten und umgekehrt.	**Material** keines Bewegungs-aufgabe 1 Minute mittlere Intensität ab Klasse 1
Durch-führung	Die Lehrperson oder ein Schüler „dirigiert“ die Welle.	
Variationen	Die Welle „findet“ ihren festgelegten Weg durch gute Abstimmung.	
Quellen	Textliche Bearbeitung durch Anke Hanssen-Doose, ursprüngliche Idee z. B. von Rüdiger Klupsch-Sahlmann (https://www.mehr-bewegung-in-die-schule.de/05211_la_ola.PDF).	

Stundenabschnitte und Unterrichtsinhalte | Organisatorische Hinweise

22 Antippen

Inhalt
Antippspiel (soziale Sensibilisierung, kreative Bewegungsformen).

Durchführung
Stolperfallen werden aufgeräumt und alle Schülerinnen und Schüler gehen kreuz und quer im Raum.
Ein Schüler ist der Antippende. Berührt er einen Mitschüler muss er ihm sagen, wie dieser sich weiter bewegen soll (hüpfen, krabbeln, gehen mit den Händen an den Knien, ...).

Variationen
Alle Schülerinnen und Schüler dürfen sich antippen und sich gegenseitig neue Bewegungsformen sagen.
Man kann sich auf bestimmte Arten von Bewegungen festlegen (Tiere, anstrengende Bewegungen).

Quellen
Textliche Beschreibung von Anke Hanssen-Doose auf Basis der Idee von Andreas „Willi“ Heuer (Workshop KIT, 2017).

Material
keines

Bewegungsaufgabe

3 Minuten

mittlere Intensität

ab Klasse 1

Stundenabschnitte und Unterrichtsinhalte		Organisatorische Hinweise

23 Die Uhr tickt

Inhalt

Bewegungsaufgabe, bei der die Schülerinnen und Schüler eine Aufgabe durchführen sollen. Es wird eine Zeitdauer zur Erledigung der Aufgabe angegeben. Die Schülerinnen und Schüler sollen die Aufgabe abbrechen, wenn sie denken, dass die vorgegebene Zeit bereits vergangen ist.

Durchführung

Eine Zeitdauer und eine Bewegungsaufgabe vorgeben, die jedes Kind für sich so lange ausführt, bis es meint, die Zeit wäre abgelaufen (Zeitschätzaufgabe). Dann setzt es sich selbstständig an seinen Platz, legt den Kopf auf den Tisch und schließt die Augen. Die Aufgabe mit einem Startsignal einleiten und hinterher auflösen, welches Kind zeitlich am Nächsten lag.

Vorschläge für Bewegungsaufgaben

Durch das Klassenzimmer joggen → Aktivierung
Hampelmänner machen → Aktivierung
Auf Zehenspitzen durch das Zimmer schleichen → Beruhigung
Seinen blinden Partner sicher durch das Zimmer führen → Beruhigung
Das Gleichgewicht auf einem Bein suchen und dieses halten → Beruhigung

Variationen

Neue Bewegungsaufgaben einführen. Ideenvorschläge der Schülerinnen und Schüler sammeln.

Quellen

Harjung, H. (2016). *Vielseitige Bewegungspausen in der Schule. Zahlreiche Übungen zur Auflockerung und Entspannung im Unterricht, Lockerung der Muskulatur, Abbau von Stress und Anspannung, verbesserte Konzentrationsfähigkeit* (4. Aufl.). Kerpen: Kohl.

Organisatorische Hinweise

Material
Stoppuhr

Bewegungsaufgabe

2 Minuten

niedrige Intensität

ab Klasse 1

Bewegungsspiele und -aufgaben

Stundenabschnitte und Unterrichtsinhalte		Organisatorische Hinweise

24 Der Riese und der Zwerg

Inhalt

Bewegungsgeschichte

„Es war einmal vor langer Zeit, als es noch nicht so viele Menschen gab, ein **Riese** und ein *Zwerg* – die waren dicke Freunde. Und weil sie sich als Menschen so gut verstanden, unternahmen der **Riese** und der *Zwerg* oft Ausflüge. Eines Tages hatte der *Zwerg* einen Einfall: „Mensch, **Riese**“, sagte der *Zwerg*, „heute machen wir eine riesige Bergtour ins **Riesen**gebirge!“ *Zwerg* und **Riese** zogen los und bald schon trafen sie auf ein paar Menschen. Sie grüßten den **Riesen** und den *Zwerg*: „Hallo **Riese**! Hallo *Zwerg*!“ und der **Riese** und der *Zwerg* grüßten die Menschen. Der **Riese** und der *Zwerg* hatten große Mühe, auf den unmenschlich riesigen Berg zu kommen und der **Riese** jammerte: „Mensch *Zwerg*, das ist aber ein riesiger Berg! Gegen den bin sogar ich **Riese** ein *Zwerg*!“
Als sie endlich auf dem Gipfel des riesigen Berges ankamen, aßen sie einige Frucht*zwerge*. Da hatte der **Riese** eine Idee: „Mensch *Zwerg*, lass uns doch einfach unsere Kleider tauschen!
Und das taten sie dann auch. Der **Riese** zwängte sich in die *Zwergen*sachen, und der *Zwerg* zog die **Riesen**kleider an, in denen er aussah, wie ein *zwergen*hafter Mensch in einem **Riesen**zelt. Da erblickten sie etwas: Kaum zu trauen, denn da stand … ein **Riesen***zwerg*!“

Durchführung

Bewegungsgeschichte vorlesen.
Wenn die Schülerinnen und Schüler beim Vorlesen ein Wort hören, in dem **Riese** steckt, dann steigen sie auf einen Stuhl. Bei dem Wort *Zwerg* gehen sie in die Hocke.

Variationen

Auch ohne Stuhl mit abwechselndem Stehen und Hocken durchführbar.
Das Vorlesetempo kann variiert werden.
Neues Kommando: Bei dem Wort Mensch stellen sie sich bequem hin.

Quellen

Lommersum, N. (2007). *Bewegungsspiele in der Grundschule. 35 Spiele für zwischendurch; Klasse 1–4* (4. Aufl.). Lichtenau: AOL-Verlag.

Organisatorische Hinweise

Material
Stühle

Bewegungsgeschichte

4 Minuten

hohe Intensität

ab Klasse 2

Stundenabschnitte und Unterrichtsinhalte | Organisatorische Hinweise

25 Kommando Bimberle

Inhalt

Kommandos (und Bewegungen):

„Bimberle“	(mit beiden gestreckten Zeigefingern abwechselnd auf die Tischkante klopfen (= Grundbewegung))
„flach“	(Handfläche auf den Tisch legen)
„doppel flach“	(Handflächen übereinander auf den Tisch legen)
„Bock“	(Arme mit den Fingerspitzen auf den Tisch stützen)
„doppel Bock“	(Fingerspitzen der einen Hand auf den Handrücken der anderen Hand stützen)
„Berg“	(aufstehen und mit den Händen über dem Kopf eine Spitze formen)
„Flugzeug“	(aufstehen, die Arme zur Seite strecken und auf und ab bewegen)

Durchführung

Die Schülerinnen und Schüler sitzen an ihrem Tisch mit dem Blick nach vorne.
Die Lehrkraft sitzt der Klasse gegenüber – ebenfalls an einem Tisch.
Die Lehrkraft sagt eine Bewegung an und macht diese vor. Die Schülerinnen und Schüler haben die Aufgabe, diese Bewegung mitzumachen. Jedoch nur dann, wenn die Lehrkraft sie mit „Kommando“ ankündigt. Ist dies nicht der Fall, sollen die Schülerinnen und Schüler die bisherige Bewegung weiter ausführen. Wer einen Fehler macht, zählt für sich selbst einen Minuspunkt.

Variationen

Ein Schüler oder eine Schülerin übernimmt die Rolle des Anleitenden.
Steigerung: Weitere Kommandos dazu erfinden.
Statt eines Minuspunkts sagt derjenige die neuen Kommandos an, der einen Fehler gemacht hat.

Quellen

In Anlehnung an Bolay, E., Platz, F. & Wolf, H. (2013). Bewegung – ein Unterrichtsprinzip. Bewegungspädagogik für weiterführende Schulen, Bewegungspausen im Unterricht, Entspannung und Stille im Klassenzimmer. In A. Christoph, *Bewegte Schule, bewegtes Lernen* (Bd. 2, 1. Aufl.) (S. 56). Leipzig: Klett-Schulbuchverlag.

Material
keines

Bewegungsspiel

3 Minuten

mittlere Intensität

ab Klasse 1

	Stundenabschnitte und Unterrichtsinhalte	Organisatorische Hinweise
	26 Fang mich	
Inhalt	Bewegungs-/Geschicklichkeitsspiel, bei dem die Schülerinnen und Schüler einen Korken mit einem Joghurtbecher auffangen.	**Material** 1 Korken pro Kind 1 Joghurtbecher pro Kind
Durch-führung	Jeder Schüler und jede Schülerin erhält einen Joghurtbecher und einen Korken. Jeder spielt hier für sich und kontrolliert sich selbst. Die Aufgabe besteht darin, den Korken so oft wie möglich mit dem Becher aufzufangen, ohne dass er den Boden berührt. Schafft ein Schüler dies zehnmal hintereinander, darf er in die nächste Schwierigkeitsstufe wechseln. **Achtung:** die Schülerinnen und Schüler auf den geringen Platz im Klassenzimmer hinweisen. Schwierigkeitsstufe 1: Der Korken wird nach oben gehalten und fallen gelassen. Dasselbe Kind versucht ihn mit dem Becher aufzufangen. Schwierigkeitsstufe 2: Der Korken wird leicht nach oben geworfen und mit dem Becher aufgefangen. Schwierigkeitsstufe 3: Die Hände werden gewechselt.	Bewegungsspiel 3–4 Minuten mittlere Intensität ab Klasse 3
Variationen	Die Schülerinnen und Schüler finden sich in Gruppen (zu zweit/zu dritt/…) zusammen und bekommen gemeinsam einen Korken. Nun werfen sie sich den Korken gegenseitig zu. Dieser darf jedoch nur mit dem Becher aufgefangen werden. Wie oft schafft es eine Gruppe innerhalb einer vorgegebenen Zeit?	
Quellen	Humm, T. & Pustlauk, T. (2006). *Kleine Bewegungspausen. Halt dich fit im Schulalltag! für alle Altersstufen, ab 6 Jahren* (1. Aufl.). Schaffhausen: SCHUBI.	

Stundenabschnitte und Unterrichtsinhalte		Organisatorische Hinweise
27 Zip-Zap		
Inhalt	Bewegungsspiel, bei dem die Schülerinnen und Schüler in einem Stuhlkreis sitzen und ihren Stuhl auf verschiedene Kommandos hin wechseln müssen.	**Material** Stühle
Durch- führung	Die Schülerinnen und Schüler sitzen im Stuhlkreis. Die Lehrkraft steht in der Mitte und gibt Kommandos vor: **Zip!** (alle rutschen einen Stuhl nach rechts) **Zap!** (alle rutschen einen Stuhl nach links) **Zip-Zap!** (alle suchen sich einen neuen Stuhl) Wenn die Kommandos klar sind, sollte das Spiel möglichst schnell gespielt werden, denn dadurch entsteht in kurzer Zeit viel Bewegung.	Bewegungsspiel 5 Minuten
Variationen	Langsame und schnelle Kommandos.	mittlere Intensität ab Klasse 2
Quellen	Höglinger-Winter, S. & Emberger N. (2006). *Bewegte Pausen im Klassenzimmer. Bei Grundschulkindern neue Energien wecken.* München, Düsseldorf, Stuttgart: Oldenbourg Schulbuchverlag:	

	Stundenabschnitte und Unterrichtsinhalte	Organisatorische Hinweise
	28 Autobahnball	
Inhalt	Kreisspiel, bei dem der Gegenstand von Mannschaft 1 den von Mannschaft 2 überholen soll.	**Material** 2 Bälle oder 2 Sandsäckchen
Durchführung	Die Schülerinnen und Schüler bilden einen Kreis. Es wird durchgezählt: 1-2-1-2-... Dadurch entstehen zwei Teams. Jedes Team erhält ein Sandsäckchen. Die Säckchen befinden sich zu Beginn direkt gegenüber im Kreis. Auf das Startsignal werden die Säckchen in der vorgegebenen Richtung von Teammitglied zu Teammitglied weitergegeben oder geworfen. Ziel ist es, das Säckchen der jeweils anderen Mannschaft zu überholen.	Bewegungsspiel
Variationen	Richtungswechsel einbauen und ansagen (auch mehrfach). Je ein Teammitglied 1 und 2 befindet sich innerhalb des Kreises. Sie werden von ihren Mitspielern angespielt und werfen das Säckchen selbst an das nächste Teammitglied im Kreis zurück. Das Säckchen läuft so einen Zickzack-Weg. Auch hier ist es das Ziel, das Säckchen der anderen Mannschaft zu überholen. 	2–3 Minuten mittlere Intensität ab Klasse 2
Quellen	Bolay, E., Platz, F. & Wolf, H. (2013). Bewegung – ein Unterrichtsprinzip. Bewegungspädagogik für weiterführende Schulen, Bewegungspausen im Unterricht, Entspannung und Stille im Klassenzimmer. In A. Christoph, *Bewegte Schule, bewegtes Lernen* (Bd. 2, 1. Aufl.) (S. 52). Leipzig: Klett-Schulbuchverlag.	

Stundenabschnitte und Unterrichtsinhalte		Organisatorische Hinweise

29 Bewegungskette

Inhalt

Bewegungskärtchen

1 Stehe auf und stelle deinen Stuhl an den Tisch.
2 Laufe zur Tafel, berühre sie und gehe wieder an deinen Platz.
3 Drehe dich einmal im Kreis.
4 Klatsche 8-mal auf die Oberschenkel.
5 Beweg dich einmal durch das Klassenzimmer wie ein Affe.
6 Springe 5-mal in die Luft.
7 Laufe an deinen Platz zurück und mache fünf Hampelmänner.
8 Steige auf deinen Stuhl.
9 Strecke deine Arme nach oben und mache dich ganz groß.
10 Zähle leise im Kopf bis auf 20.
11 Setze dich leise auf deinen Stuhl.

Durchführung

Bewegungskärtchen auf den Overheadprojektor legen und die Aufgaben nacheinander aufdecken. Die Schülerinnen und Schüler lesen die Aufgabe leise und führen diese anschließend durch. Die Geschwindigkeit des Aufdeckens auch an langsamere Leser anpassen! Während der Übung soll nicht gesprochen werden.

Variationen

Bewegungskärtchen nacheinander vorlesen anstatt auf den Overheadprojektor zu legen. Bewegungskärtchen mit Nummern an die Schülerinnen und Schüler verteilen. Nun werden diese von den Schülerinnen und Schülern nach der vorgegebenen Reihenfolge vorgelesen und anschließend ausgeführt. Nur noch moderieren (z. B. welche Nummer kommt als Nächstes?).

Quellen

Höglinger-Winter, S. & Emberger N. (2006). *Bewegte Pausen im Klassenzimmer. Bei Grundschulkindern neue Energien wecken*. München, Düsseldorf, Stuttgart: Oldenbourg Schulbuchverlag:

Organisatorische Hinweise

Material
Bewegungskärtchen/Folie
Overheadprojektor

Bewegungsaufgabe

4 Minuten

mittlere Intensität

ab Klasse 1

	Stundenabschnitte und Unterrichtsinhalte	Organisatorische Hinweise
	30 Alle, die …	
Inhalt	Bewegungsspiel, bei dem die Schülerinnen und Schüler im Stuhlkreis sitzen und auf verschiedene Anweisungen ihre Plätze wechseln müssen.	**Material** Stühle
Durch- führung	Die Schülerinnen und Schüler sitzen auf ihren Plätzen. Verschiedene Anweisungen vorgeben, z. B. „Alle, die heute gefrühstückt haben!" Alle Schülerinnen und Schüler, zu denen diese Aussage passt, stehen auf und suchen sich zügig einen neuen Platz. **Mögliche Anweisungen** • Alle, die Jungen sind. • Alle, die braune Augen haben. • Alle, die schwarze Haare haben. • Alle, die ein Haustier besitzen. • Alle, die gerne Eis essen.	Bewegungsspiel 3–5 Minuten mittlere Intensität
Variationen	• Im Stuhlkreis möglich: Eine Schülerin oder ein Schüler steht in der Mitte und gibt eine Anweisung. Auch sie/er versucht anschließend einen Platz zu bekommen. Wer keinen Stuhl erwischt, muss eine neue Anweisung geben. • Die Klasse steht um einen Fallschirm und alle halten sich fest. Bei „Alle, die …" der Fallschirm gemeinsam hochgehoben und je nach Anweisung müssen die jeweiligen Kinder unter dem Fallschirm durchlaufen und sich schnell einen neuen Platz suchen. Hier finden immer alle einen neuen Platz. Beenden lässt sich diese Variation gut mit einer gemeinsamen Atemübung (Fallschirm hoch = einatmen, Fallschirm runter= lange ausatmen)	ab Klasse 2
Quellen	Adaptiert beschrieben auf Grundlage von Höglinger-Winter, S. & Emberger N. (2006). *Bewegte Pausen im Klassenzimmer. Bei Grundschulkindern neue Energien wecken.* München, Düsseldorf, Stuttgart: Oldenbourg Schulbuchverlag:	

	Stundenabschnitte und Unterrichtsinhalte	Organisatorische Hinweise
	31 Honigklecks	
Inhalt	Fangspiel im rhythmischen Hüpfen zum bekannten Lied „Popcorn“, bei dem ein oder zwei Schüler (die „Honigkleckse“) die anderen Schülerinnen und Schüler (das „Popcorn“) „festkleben“ und so fangen müssen. Das Schulter an Schulter aneinanderklebende Popcorn muss nach und nach alles freie Popcorn mit Honig bekleben.	**Material** CD, CD-Player
Durch-führung	Alle Schülerinnen und Schüler verteilen sich im festgelegten Raum (d. h. schwer erreichbare Bereiche im Klassenzimmer werden ausgeschlossen). Sie sind das „Popcorn“ und springen im Takt der Musik beidbeinig hoch und umher. Ein oder zwei Personen sind die „Honigkleckse“, die springend versuchen, das Popcorn an sich zu bringen, indem sie diese an der Schulter berühren und dort springend „festkleben“. Wenn 4 Personen „festkleben“, teilen sich diese in 2+2 Personen. „Hüpffeld“ benennen und ggfs. eingrenzen! Musik währenddessen einschalten, um das Springen zu unterstützen („Popcorn“ von Gershon Kingsley).	Bewegungsspiel 2–3 Minuten hohe Intensität ab Klasse 2
Variationen	Die Anzahl der Fänger, das Hüpffeld kann variiert werden.	
Quellen	Worth, Annette (o. Jahr) *Bewegung ist Leben – Leben ist Bewegung*, Lied Nr. 8. Originalsong „Popcorn“ von Gershon Kingsley https://www.youtube.com/watch?v=n-u_aKzVbT8	

	Stundenabschnitte und Unterrichtsinhalte	Organisatorische Hinweise
	32 Zeitungspapier-Ball	
Inhalt	Bewegungsspiel, bei dem mit Zeitungsrollen Luftballons in der Luft gehalten werden.	**Material** Zeitungsrollen Luftballonshohe
Durch-führung	Schülerinnen und Schüler nehmen sich eine Zeitungsrolle und einen Luftballon. Sie probieren wie der Ballon gut in der Luft zu halten ist, indem sie immer wieder kräftig mit der Zeitungsrolle schlagen.	
Variationen	• Partnerübung: Sich gegenseitig den Luftballon mit der Zeitungsrolle zuschlagen, auch mit zwei Ballons gleichzeitig möglich. • In einer größeren Gruppe/Klasse wird gemeinsam versucht alle Luftballons mit den Zeitungsrollen in der Luft zu halten.	Bewegungsspiel 2–3 Minuten hohe Intensität ab Klasse 2
Quellen	Anke Hanssen-Doose	

Stundenabschnitte und Unterrichtsinhalte		Organisatorische Hinweise
33 Ra-Li-Spiele		
Inhalt	Mit Radiergummi und Lineal, also Ra-Li, die normalerweise in jedem Schülermäppchen vorhanden sind, lassen sich lustige Spielformen entwickeln, die die Geschicklichkeit und Balancefähigkeit der Kinder fördern. Die Kinder laufen durch den Raum und • balancieren das Radiergummi auf dem Kopf. • halten das Lineal in der Hand, auf dessen Ende sie das Radiergummi balancieren. • übergeben das Lineal mit Radiergummi von einer Hand in die andere. • klemmen sich das Lineal unter ihr Kinn. • werfen das Radiergummi hoch und fangen ihn wieder auf.	**Material** Radiergummi Lineal Bewegungsspiel 3–5 Minuten mittlere Intensität ab Klasse 1
Durchführung	S. o., dazu kann ruhige Musik abgespielt werden.	
Variationen	Sicher haben die Kinder auch noch eigene Ideen für Kunststücke mit Radiergummi und Lineal.	
Quellen	Handtmann, C. (2014). *Bewegte Schule. Praxisideen für die Bewegte Schule.* Unveröffentlichte Fortbildungsunterlagen. Hardtgrundschule Karlsruhe.	

Stundenabschnitte und Unterrichtsinhalte		Organisatorische Hinweise

34 Balancierparcours

Inhalt

Lehrkraft oder Schülerinnen und Schüler gestalten das Klassenzimmer zu einem Balancierparcours um.

Durchführung

Für die Balancierrunde Stühle einbeziehen und eventuell Seile, (Kaffee-)Dosen, Balancierbalken oder Balancierseile. Zur Umsetzung kann das vorhandene Mobiliar, Alltagsmaterial sowie zusätzlich spezielles „Balanciermaterial" genutzt werden (z. B. Flusssteine und Hügelkuppen). Im Klassenraum durch die Materialien einen Weg markieren, auf dem die Schülerinnen und Schüler in einem großen Kreis balancieren dürfen. Den Balancierweg und die Wegrichtung vorgeben. Alle stellen sich auf und laufen los, ohne zu drängeln und zu überholen. Beim Balancieren soll es leise sein. Im Hintergrund kann beruhigende Musik laufen.

Variationen

- Ein Buch oder Sandsäckchen während des Balancierens auf den Kopf legen.
- Das Buch auch auf anderen Körperteilen balancieren.
- Den Parcours rückwärts balancieren.

Quellen

Handtmann, C. (2014). *Bewegte Schule. Praxisideen für die Bewegte Schule*. Unveröffentlichte Fortbildungsunterlagen. Hardtgrundschule Karlsruhe. Textliche Ergänzungen durch Anke Hanssen-Doose.

Material
Tische, Stühle
Klebeband
Sandsäckchen
Bücher
Seile
Beruhigende Musik (CD)

Entspannungspause

5 Minuten

niedrige Intensität

ab Klasse 1

	Stundenabschnitte und Unterrichtsinhalte	Organisatorische Hinweise
	35 Balancierspiel	
Inhalt	Die Schülerinnen und Schüler balancieren ein Buch auf dem Kopf. Dabei führen sie verschiedene Aufgaben aus.	**Material** 1 Stift pro Kind 2 Bücher pro Kind
Durch-führung	Die Schülerinnen und Schüler schieben ihren Stuhl an den Tisch und stehen an ihrem Platz. Die Schülerinnen und Schüler auffordern, sich ein Buch auf den Kopf zu legen und es, ohne die Hände zu benutzen, zu balancieren. Nun folgende Bewegungsaufgaben vorgeben: **„Gehe mit dem Buch auf dem Kopf einmal um deinen Tisch."** **„Gehe in die Hocke."** **„Lege ein zweites Buch oder einen Stift auf das Buch und gehe damit durch die Klasse."** Während der Übung soll nicht gesprochen werden.	Entspannungspause 3–4 Minuten
Variationen	• Das Buch wird auf anderen Körperteilen balanciert (z. B. auf dem Rücken). • Auf beiden Armen wird je ein Buch balanciert und dabei versucht, auf einem Bein zu stehen (auch mit geschlossenen Augen möglich?).	niedrige Intensität ab Klasse 1
Quellen	Bierögel, S. & Hemming, A. (2008). *Bewegungsspiele im Klassenzimmer. Neue Ideen für alle Grundschulfächer* (Materialien für den Unterricht). Garching b. München: Hase und Igel Verlag.	

Stundenabschnitte und Unterrichtsinhalte		Organisatorische Hinweise

36 „Morgenstimmung“

Inhalt
Entspannungspause, bei der die Schülerinnen und Schüler durch entspannende Musik zur Ruhe kommen.

Durchführung
Die Schülerinnen und Schüler machen es sich bequem auf ihrem Stuhl und können den Kopf auf den Tisch legen. Musik von Edvard Grieg „Morgenstimmung“ spielen. Die Schülerinnen und Schüler können ihrer Fantasie freien Lauf lassen und zur Ruhe kommen.

Variationen
Es ist auch möglich mit einer kleinen Soundbox und Mobiltelefon, diese Musik im schulnahen Grün z. B. unter einem Baum oder in entspannter Sitzhaltung im Draußenklassenzimmer auf dem Schulhof falls vorhanden, abzuspielen. Auch ist andere entspannende klassische Musik oder die Entspannung im Liegen möglich (fliegender Teppich).

Quellen
Anke Hanssen-Doose
Musik von Edvard Grieg „Morgenstimmung“ z. B. https://www.youtube.com/watch?v=M7NLZDig9_U

Material
CD
CD-Player

Entspannungspause

2–3 Minuten

niedrige Intensität

ab Klasse 1

Stundenabschnitte und Unterrichtsinhalte		Organisatorische Hinweise
37 Körperwahrnehmung		
Inhalt	Entspannungspause, bei der die Schülerinnen und Schüler durch Konzentration auf dem Rücken zur Ruhe kommen.	**Material** Bierdeckel
Durchführung	Die Schülerinnen und Schüler gehen in Zweiergruppen zusammen, ein Kind setzt sich bequem auf seinen Stuhl und legt den Kopf auf den Tisch. Das andere Kind legt Bierdeckel auf den Rücken des Kindes. Dieses soll spüren, wo die Deckel liegen.	Entspannungspause 3 Minuten niedrige Intensität ab Klasse 1
Variationen	• Auch im Liegen möglich. • Es können auch mehr Deckel auf eine Stelle gelegt werden, sodass die Kinder einen unterschiedlichen Druck spüren.	
Quellen	Opper, E. (2016). Bewegt entspannt. Ideen für entspannte Bewegungsspiele mit Kindern in der Grundschule. *sportunterricht, 65* (9), 1-7.	

	Stundenabschnitte und Unterrichtsinhalte	Organisatorische Hinweise
	38 Massage	
Inhalt	Entspannungspause, bei der sich zwei Schülerinnen und Schüler mit einem Igelball massieren.	**Material** Igelbälle evtl. Bierdeckel
Durchführung	Partnerübung im Sitzen: Passive Person setzt sich auf den Stuhl und legt den Oberkörper auf den Tisch. Partner massiert den Rücken, Schulterbereich, Arme. Anschließend Partnerwechsel.	Entspannungspause
Variationen	Auch im Liegen durchführbar. Musikeinsatz möglich. Es kann während der Massage eine Geschichte erzählt werden wie beispielsweise Ausflug des Igels (Koletzko, 2009, S. 15; Quante, 2008, S. 176–190). Auch im Steh- oder Sitzkreis möglich: Jedes Kind massiert zunächst den Rücken des rechten und dann des linken Nachbarn.	5 Minuten (inkl. Partnerwechsel) niedrige Intensität ab Klasse 1
Quellen	Koletzko, B. (2009). *Tiger Kids. Heft 5. Bewegungsprogramm. Bewegungsspiele für den Kindergarten* (4. überarb. Aufl.). Remagen: AOL-Verlag. Müller, U., Baumberger, J. & Huggel, R. (2014). *Bewegungspausen. Konzentriert und leistungsfähig dank bewegten Pausen* (4. Aufl.). Horgen: Baumberger & Müller. Quante, S. (2008). *Was Kindern gut tut! Handbuch der erlebnisorientierten Entspannung*. Dortmund: Borgmann.	

Stundenabschnitte und Unterrichtsinhalte		Organisatorische Hinweise

39 Folge meiner Stimme blind

Inhalt
Die Schülerinnen und Schüler finden einen Ruhemoment, indem sie der Lehrkraft mit geschlossenen Augen zuhören. Die Aufgabe der Schülerinnen und Schüler ist es, der Stimme zu folgen, indem durch Zeigen mit dem Arm der Standort der Lehrkraft angedeutet wird.

Durchführung
Die Schülerinnen und Schüler setzen sich bequem auf ihren Stuhl, schließen die Augen und können den Kopf auf den Tisch legen. Die Lehrperson erzählt eine nette Geschichte und bewegt sich dabei durch den Raum. Die Schülerinnen und Schüler zeigen mit dem Arm in die Richtung, in der sie die Stimme vermuten. Die Lehrperson sollte sich auch mal tief zum Boden senken, auf einen Stuhl steigen oder sogar den Raum verlassen.

Variationen
Mit dem Bein oder einem anderen Körperteil die Richtung anzeigen.
Anstatt die Geschichte vorzulesen, wird der Ton mit einem Tamburin, einer Triangel etc. erzeugt.

Quellen
Heuer, Andreas Willi (2017). *Endlich mal was Anderes! Bewegungsspiele im Klassenzimmer. Wie bringen wir Kinder in Schwung?* Unveröffentlichte Unterlagen zu einem Workshop in Karlsruhe.

Organisatorische Hinweise

Material
keines

Entspannungspause

1 Minute

niedrige Intensität

ab Klasse 1

Stundenabschnitte und Unterrichtsinhalte		Organisatorische Hinweise

40 Ruhig und entspannt

Inhalt

Sprechvers mit Elementen aus dem Kinderyoga

Ich

bin

ruhig

und

entspannt,

steh

im

Baum

ganz

elegant

Durchführung

„Ich bin ruhig und entspannt, steh im Baum ganz elegant!“

Pro Wort die vorgegebene Bewegung mit den Schülerinnen und Schülern ausführen.

Variationen

- Beinwechsel beim Baum.
- Nur die Bewegung ausführen ohne Reim.

Quellen

Holterdorf, I. & Prossowsky, P. (2010). *Kleine Yoga-Rituale für jeden Tag: mit einfachen Übungen den Schulalltag rhythmisieren* [mit DVD]. Mülheim an der Ruhr: Verlag an der Ruhr.

Organisatorische Hinweise

Material
keines

Entspannungspause

1 Minute

niedrige Intensität

ab Klasse 1

	Stundenabschnitte und Unterrichtsinhalte	Organisatorische Hinweise
	41 Stilleübung	
Inhalt	Die Schülerinnen und Schüler finden einen Ruhemoment, indem sie sich nur auf das Hören konzentrieren. Sie versuchen, den Aufprall der Büroklammer auf dem Boden zu hören.	**Material** Büroklammer
Durchführung	Die Lehrkraft nimmt eine Büroklammer und fragt die Schülerinnen und Schüler, ob zu hören ist, wie die Büroklammer zu Boden fällt. Einige Schüler werden das erst einmal nicht glauben. Dann wird es ausprobiert: Die Kinder schließen die Augen. Die Lehrkraft lässt die Büroklammer fallen. Meist wirkt das Geräusch sehr laut. Im 2. Schritt lässt die Lehrkraft die Büroklammer auf ein Tuch, einen Pulli etc. fallen, dadurch wird das Geräusch beim Aufprall immer leiser und die Kinder werden immer leiser und konzentrieren sich immer mehr darauf, es zu hören.	Entspannungspause 2 Minuten
Variationen	• Eine Schülerin oder ein Schüler darf die Büroklammer fallen lassen. • Es wird ein anderer Gegenstand ausgewählt, z. B. eine dicke Pappe, ein Bleistift etc.	niedrige Intensität ab Klasse 1
Quellen	Opper, E., Bös, K. & Albrecht, C. (2011). Heft 6: Entspannungs-Übungen und Anleitungen für einen entspannten Kindergartenalltag. In B. Koletzko (Hrsg.), *TigerKids: Kindergarten-aktiv*. Remagen: AOK-Verlag GmbH.	

Stundenabschnitte und Unterrichtsinhalte		Organisatorische Hinweise

42 Ein kleines Hallo geht auf die Reise

Inhalt
Kreisspiel zur Entspannung und sozialen Sensibilisierung.

Durchführung
Die Schülerinnen und Schüler befinden sich im Sitz- oder Stehkreis und schließen die Augen. Sie fassen sich an den Händen oder drücken ihre Handaußenseiten aneinander. Die Lehrkraft beginnt, ein kleines Hallo auf die Reise zu schicken durch Drücken der Hand des rechten oder linken Nachbarn. Das kleine Hallo wird – ohne zu sprechen – weitergegeben durch sanften Händedruck. Der Lehrer sagt, wenn es angekommen ist.

Variationen
- Das „kleine Hallo" kann auch ein „kleines Tschüß" oder ein „kleines „Danke" sein.
- Statt der Lehrkraft kann es auch von Seiten der Schüler losgeschickt werden.

Quellen
Textliche Beschreibung durch Anke Hanssen-Doose (Ursprung unbekannt).

Organisatorische Hinweise

Material
keines

Entspannungspause

2 Minuten

niedrige Intensität

ab Klasse 1

Stundenabschnitte und Unterrichtsinhalte		Organisatorische Hinweise
43 Zählendes Ausatmen		
Inhalt	Zur Ruhe kommen durch Atmung.	**Material** keines
Durchführung	Die Kinder stehen verteilt im Klassenraum und schließen die Augen. Die Lehrkraft gibt folgenden Hinweis: Atme tief ein und zähle beim Ausatmen leise und langsam, bis deine Lunge leer ist. Nun atme noch zweimal tief ein und zähle beim Ausatmen wieder langsam und ruhig bis deine Lunge leer ist. Atme nun normal und ruhig ohne Zählen weiter. Atme nun noch dreimal tief ein und zähle beim Ausatmen so lange, bis deine Lunge leer ist. Bis zu welcher Zahl bist du gekommen? Wenn wir öfter üben, kommen wir mit Zählen immer weiter!	Entspannungspause 5 Minuten
Variationen	• Die Übung kann auch im Sitzen durchgeführt werden. • Es kann auch beim Einatmen gezählt werden.	niedrige Intensität ab Klasse 1
Quellen	Wagner, K. (2006). *Praxis Buch. Entspannungsreisen für die Grundschule. Einfache Entspannungsübungen. Fantasiereisen. Entspannung durch Bewegung. Gegenständliche Wahrnehmung. Weitere Entspannungsübungen.* Schaffhausen: Schubi.	

	Stundenabschnitte und Unterrichtsinhalte	Organisatorische Hinweise

44 Der Fächer erfrischt mich

Inhalt
Jedes Kind bekommt ein DIN-A4-Blatt und faltet nach der Anweisung der Lehrkraft einen Fächer.

Durchführung
Die Kinder bleiben auf ihrem Platz sitzen. Der Fächer ist schnell gefaltet. Nun kann sich jedes Kind Luft zufächeln. Das erfrischt vor allem im Sommer und bei großer Hitze.

Variationen
- Die Kinder können das Papier vor dem Falten bunt anmalen.
- Die Kinder fächeln dem linken und dem rechten Banknachbar frische Luft zu.

Quellen
Elke Opper

Organisatorische Hinweise

Material
1 DIN-A4-Blatt pro Kind, Stifte

Entspannungspause

3 Minuten

niedrige Intensität

ab Klasse 1

III

Bewegungspausen für Fortgeschrittene

Im nachfolgenden Kapitel III werden Bewegungspausen vorgestellt, die sich erfahrungsgemäß mehr für fortgeschrittene Schülerinnen und Schüler eignen, weil sie schwieriger sind. Dies kann eine erhöhte kognitive und koordinative Anforderung bedeuten im Sinne des Trainings der exekutiven Funktionen (siehe Kennzeichnung). Bei manchen Bewegungspausen mit Bällen ist eine gewisse Handgeschicklichkeit und Auge-Hand-Koordination von Vorteil. Die erhöhte Schwierigkeit kann sich auch aus Anforderungen an die Kooperationsfähigkeit oder Ausdrucksfähigkeit ergeben. Spiele wie Ganzkörper-Ching-Chang-Chong, 10er-Ball oder Tischtennis mit Untersetzern erfordern eine gewisse Frustrationstoleranz.

Art der Bewegungspause	Nr.	Name der Bewegungspause	Dauer (min)	Intensität	ab Klasse
Bewegungslied, Tanz, Rhythmusaufgabe	45	Becher Rap	2–3	mittel	1
	46	Zwei kleine Wölfe	3	mittel	2
	47	Head, shoulders, knees and toes	2–3	mittel 1	1
	48	Em pom pie	2	niedrig	1
Bewegungsspiele und -aufgabe	49	Der verwirrte Polizist	2–3	mittel	2
	50	Flagge zeigen	2–3	mittel	2
	51	Nimm und gib	3	mittel	3
	52	Ich sitze im Grünen und liebe ganz heimlich …	3–5	mittel	2
	53	Evolutionsspiel	5	mittel	2
	54	Bewegungsampel	3–5	mittel	2
	55	Ganzkörper-Ching-Chang-Chong	2–3	hoch	2
	56	10er-Ball	5	mittel	3
	57	Tischtennis mit Untersetzern	5	hoch	3
	58	Der fliegende Teppich	2–3	niedrig	2
Entspannungs-pausen	59	Rückentafel	4–5	niedrig	1
	60	Schwebende Stifte	2–3	niedrig	1
	61	Ich seh genau hin!	4	niedrig	1
	62	Tiger oder Katze	3	niedrig	1
	63	Der Kranich tanzt	5	niedrig	2
	64	Heute wollen wir kräftig klatschen	2–3	niedrig	1

	Stundenabschnitte und Unterrichtsinhalte	Organisatorische Hinweise
	45 Becher-Rap	
Inhalt	Es handelt sich bei dieser Bewegungspause um einen zweitaktigen Rhythmus, der durch die Hände mithilfe von Becher und Tisch ausgeführt wird.	**Material** Becher
Durch-führung	Jede Schülerin und jeder Schüler benötigt einen Becher, der falsch herum auf dem Tisch steht. Erster Takt: • zweimal klatschen • abwechselnd mit der Hand auf den Tisch schlagen (dreimal rechts, links, rechts) • einmal klatschen • umgedrehter Becher hochnehmen und auf den Tisch schlagen Zweiter Takt: • einmal klatschen • Becher mit der rechten Hand linksherum greifen und gegen die linke Handfläche schlagen • Becher richtig herum auf den Tisch schlagen • Becher mit der Bodenseite gegen die linke Hand schlagen, dabei greift die linke Hand den Becher • rechte Hand schlägt auf den Tisch • Becher (in der linken Hand) schlägt auf den Tisch Zu Beginn mit den Schülerinnen und Schülern im langsamen Tempo den ersten Takt üben. Wenn dieser gut beherrscht wird, mit dem zweiten Takt fortfahren.	Rhythmusaufgabe 2–3 Minuten mittlere Intensität ab Klasse 1
Variationen	• Laut und leise, schnell und langsam. • Becher weitergeben in der Reihe oder im Kreis.	
Quellen	Bekannter überlieferter Cup Song aus dem Film Pitch Perfect, textliche Beschreibung von Anke Hanssen-Doose. Tutorial zum Erlernen https://www.youtube.com/watch?v=fogAYHi6JFQ Beispiel der Umsetzung an einer deutschen Schule https://www.youtube.com/watch?v=FB1tjhSziHI	

Stundenabschnitte und Unterrichtsinhalte			Organisatorische Hinweise

46 „Zwei kleine Wölfe“

Inhalt

Liedtext nach der Melodie „I like the flowers“ (mit Bewegungen)

Liedtext	Bewegung
„Zwei	(mit Daumen und Zeigefinger „zwei“ anzeigen)
kleine	(mit Daumen und Zeigefinger „klein“ anzeigen)
Wölfe	(beide Hände als spitze Wolfsohren hinter dem Kopf hochstrecken)
gehen des Nachts	(mit der weit nach oben gestreckten Hand ein C für den Mond bilden)
im Dunkeln.	(beide Hände vor die Augen halten)
Man hört den einen	(rechte Hand hinters rechte Ohr halten)
zu dem anderen	(linke Hand hinters linke Ohr halten)
munkeln: „Warum	(fragend die Handflächen nach oben öffnen)
gehen wir denn immer nur des Nachts	(wie oben einen Mond zeigen)
herum? Man tritt	(mit den Füßen in schneller Folge auf dem Boden trippeln)
sich an den Wurzeln	(mit beiden Händen vor dem Körper Gewirr beschreiben)
ja die Pfoten	(beide Hände mit Handflächen nach vorne vor die Brust halten)
krumm!	(beide Hände klappen mit allen Fingern nach vorne um)
Wenn's nur schon heller wär!“	(beide Hände nach oben zum Himmel ausstrecken)
Ba du bi du bi du.	
„Wenn nur der Wald mit Sternenlicht beleuchtet wär!“	(abwechselnd die Hände rechts und links vor dem Körper eine „Blinkbewegung“ (Finger schnell öffnen) zeigen lassen)

Dum, ba dum ba dum, bad um bad um
bad um bad um bad um bad um bad um ba.

Durchführung

Lied vorspielen/vorsingen und mitsingen. Dazu die vorgegebenen Bewegungen durchführen. Die Schülerinnen und Schüler können bei wiederholtem Durchführen mitsingen. Lied kann beliebig oft wiederholt werden.

Variationen

- Laut und leise singen.
- Bei guter Beherrschung zweistimmiger Liedgesang:
  Die Hälfte der Klasse → „ba dum ba dum“
  Die andere Hälfte der Klasse → Liedtext

Organisatorische Hinweise

Material
wahlweise CD, CD-Player
Liedtext

Bewegungslied

3 Minuten

mittlere Intensität

ab Klasse 2

Stundenabschnitte und Unterrichtsinhalte	Organisatorische Hinweise

Quellen

Horn, R. & Blanke, D. (2016). *Bewegungspausen. Mit Bewegung durch den Schultag.* Lied Nr. 3, CD.
Horn, R. & Handtmann, C. (2016). *Bewegungspausen. Mit Bewegung durch den Schultag.* Lippstadt: KONTAKTE Musikverlag.

Stundenabschnitte und Unterrichtsinhalte		Organisatorische Hinweise

47 Head, shoulders, knees and toes

Inhalt

Liedtext

„Head and shoulders, knees and toes, knees and toes,
head and shoulders, knees and toes, knees and toes,
and eyes and ears and mouth and nose,
head and shoulders, knees and toes, knees and toes."

Durchführung

Mit den Schülerinnen und Schülern den Liedtext einführen und anschließend das Lied singen. Während des Singens die jeweils besungenen Körperteile berühren.

Variationen

Schnell und langsam singen.

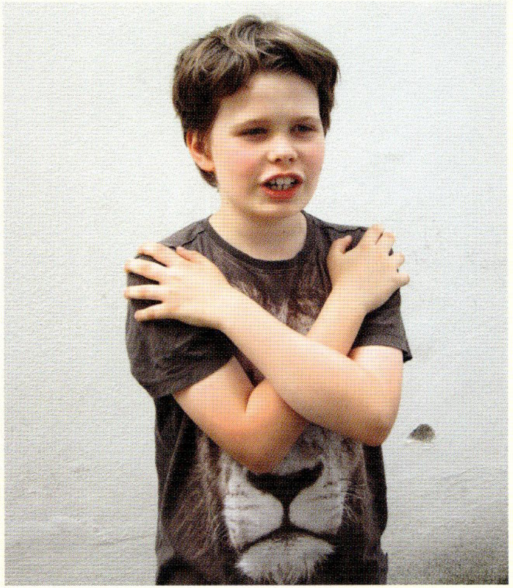

Quellen

Traditionell überliefertes Lied, als CD zu beziehen unter Oetinger Media (2016). *Die 50 schönsten Spiel- und Bewegungslieder* (3 CDs). Hamburg: Oetinger media. CD 3

Material
wahlweise CD,
CD-Player
Liedtext

Bewegungslied

2 Minuten

mittlere Intensität

ab Klasse 1

	Stundenabschnitte und Unterrichtsinhalte	Organisatorische Hinweise

48 Em pom pie

Inhalt

Liedtext (erste Strophe ohne Bewegung)

Wir sagen nonono,
wir sagen sisisi,
wir sagen no,
wir sagen si,
wir sagen:

Em	(normales Klatschen)
pom	(Klatschen rechte Hand gegeneinander)
pie	(normales Klatschen)
kolo	(Klatschen linke Hand gegeneinander)
nie	(normales Klatschen)
ko	(beide Hand gegeneinander klatschen)
lo	(auf die eigenen Oberarme klatschen)
na	(auf die Oberschenkel klatschen)
stik	(normales Klatschen)
em	(auf Oberschenkel klatschen)
pom	(normales Klatschen)
pie	(beide Hände gegeneinander klatschen und Hände kurz aneinander liegen lassen)
ko	(auf Oberschenkel klatschen)
lo	(normales Klatschen)
nie	(beide Hände gegeneinander klatschen und Hände kurz aneinander liegen lassen)
aca	(normales Klatschen)
de	(rechte Hände aufeinander klatschen und liegenlassen)
mie	(linke Hände aufeinander klatschen und auch liegenlassen)
sa	(normales Klatschen)
fa	(rechte Hände aufeinander klatschen und liegenlassen)
rie	(linke Hände aufeinander klatschen und auch liegenlassen)
aca	(normales Klatschen)
de	(rechte Hände aufeinander klatschen und liegenlassen)
mie	(linke Hände aufeinander klatschen und auch liegenlassen)
piff	(rechte Hände fassen sich und halten)
poff!	(linke Hände fassen sich und halten)

Organisatorische Hinweise

Material
keines

Bewegungslied

2 Minuten

niedrige Intensität

ab Klasse 1

	Stundenabschnitte und Unterrichtsinhalte	Organisatorische Hinweise
Durchführung	Zunächst den Text üben und singen und dann mit den Bewegungen kombinieren.  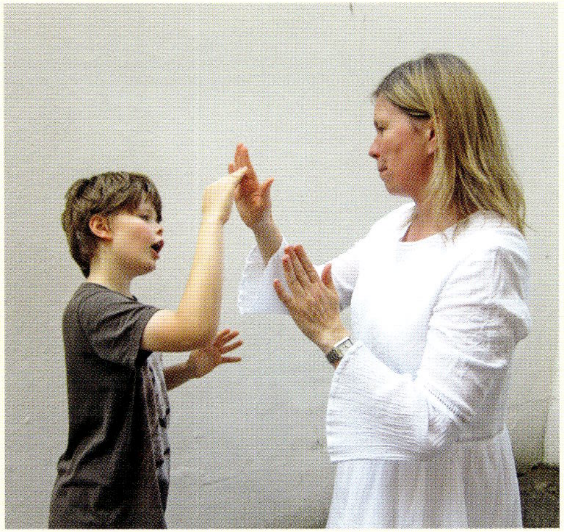	
Variationen	Es gibt verschiedene Varianten dieses traditionellen Klatschspiels.	
Quellen	Lied traditionell überliefert in vielen Varianten, textliche Beschreibung von Anke Hanssen-Doose.	

	Stundenabschnitte und Unterrichtsinhalte	Organisatorische Hinweise
	49 Der verwirrte Polizist	
Inhalt	Es handelt sich um ein Bewegungsspiel, bei dem die Schülerinnen und Schüler einen Polizisten darstellen, der je nach Tagesform, mehr oder weniger gut in der Lage ist, den Verkehr sicher zu regeln.	**Material** Kreide Evtl. Zeigestock oder Overhead
Durchführung	Die Lehrperson zeichnet eine „Kreuzung" an die Tafel. Die Kinder stehen hinter ihrem Tisch mit Blick zur Tafel. Sie erklären den Schülerinnen und Schülern, dass ab sofort alle Polizisten sind, die mit den Armen und der Stimme den Verkehr auf einer Kreuzung regeln. Sie zeigen z. B. mit einem Zeigestock auf das Kreuz, wohin der Verkehr gelenkt werden soll. Die Schülerinnen und Schüler müssen den Arm entsprechend ausrichten und die angezeigte Richtung benennen. Oberes Kreuzende → beide Arme nach oben und „oben" sagen Unteres Kreuzende → beide Arme nach unten und „unten" sagen Rechtes Kreuzende → beide Arme nach rechts und „rechts" sagen Linkes Kreuzende → beide Arme nach links und „links" sagen Dies soll in beliebigem Wechsel erfolgen, bis keine Fehler mehr gemacht werden.	Bewegungsspiel 2–3 Minuten mittlere Intensität ab Klasse 2 exekutive Funktionen
Variationen	Schwierigkeitsstufe 1: Die Schülerinnen und Schüler sollen die vorgegebene Richtung mit den Armen anzeigen, aber die jeweils entgegengesetzte Richtung laut sagen. Schwierigkeitsstufe 2: Die Schülerinnen und Schüler sollen die vorgegebene Richtung laut sagen, aber die entgegengesetzte Richtung mit den Armen anzeigen.	
Quellen	Platz, F. (2014a). *Der verwirrte Polizist.* Zugriff am 20.11.2017 unter: http://www.fit-lernen-leben.ssids.de/wbt-sport-selbstregulation/praxis/uebungen-und-spiele/details/3/58/der-verwirrte-polizist	

Stundenabschnitte und Unterrichtsinhalte | Organisatorische Hinweise

50 Flagge zeigen

Inhalt

Es handelt sich um ein Bewegungsspiel, bei dem auf verschiedenfarbige Tücher unterschiedlich reagiert werden muss.

Durchführung

Verschiedenfarbige Tücher auf den Tisch legen und bereithalten.

Das rote Tuch zeigen: Die Klasse soll aufstehen und sich wieder setzen.
Das gelbe Tuch zeigen: Die Klasse soll beide Arme nach oben strecken.
Das grüne Tuch zeigen: Die Klasse soll klatschen.

Dies soll in beliebigem Wechsel erfolgen, bis keine Fehler mehr gemacht werden.

Variationen

Schwierigkeitsstufe 1:
Wie die Grundübung, aber bei zwei Farben soll zusätzlich zur Bewegung ein bestimmter Laut gemacht werden:
Beim roten Tuch zusätzlich „Iiiiih" rufen.
Beim gelben Tuch „Ooooh" rufen.
Rot und Gelb werden im Wechsel gezeigt, bis keine Fehler mehr gemacht werden.

Schwierigkeitsstufe 2:
Wie Schwierigkeitsstufe 1. Es wird aber die dritte Farbe Grün hinzugenommen und als dritter Laut „Aaaah" ertönen.
Die Lehrperson zeigt in beliebigem Wechsel die drei Farben. Die Klasse soll jeweils die richtige Bewegung machen und den richtigen Laut geben.

Illustration der fortgeschrittenen Version durch ein Kind.

Quellen

Platz, F. (2014b). *Flagge zeigen*. Zugriff am 20.11.2017 unter: http://www.fit-lernen-leben.ssids.de/wbt-sport-selbstregulation/praxis/uebungen-und-spiele/details/3/46/flagge-zeigen

Organisatorische Hinweise

Material
rotes Tuch
gelbes Tuch
grünes Tuch
oder buntes Tonpapier

Bewegungsspiel

2–3 Minuten

mittlere Intensität

ab Klasse 3

exekutive Funktionen

	Stundenabschnitte und Unterrichtsinhalte	Organisatorische Hinweise
	51 Nimm und Gib	
Inhalt	Bewegungsspiel, bei dem alle Schülerinnen und Schüler in einem Kreis stehen und einen kleinen Gegenstand im gleichem Rhythmus weitergeben.	**Material** Kleine Gegenstände (z. B. Bleistift, Ball)
Durchführung	Die Kinder bilden einen Kreis und halten einen kleinen Gegenstand in der linken Hand. Während des Spiels sprechen alle gemeinsam den Vers: „Nimm und Gib“. Gleichzeitig gibt jedes Kind seinen Gegenstand an den linken Nachbarn weiter. Dies erfolgt passend zu dem Sprechrhythmus. Die Gegenstände wandern so durch den Kreis. Jedes Kind hält somit immer einen Gegenstand in den Händen. Zusammenspiel von Sprechrhythmus und Handlung: **„Nimm“** (die rechte Hand nimmt den Gegenstand vom rechten Nachbarn hoch) **„und“** (der Gegenstand wird von der eigenen rechten in die eigene linke Hand übergeben) **„Gib“** (die linke Hand reicht den Gegenstand an den linken Nachbarn weiter, dieser nimmt ihn auf das nächste „Nimm“ an.)	Bewegungsspiel 3 Minuten mittlere Intensität ab Klasse 3
Variationen	• Auf ein Signal erfolgt ein Richtungswechsel. • Die Augen werden währenddessen geschlossen.	
Quellen	Bierögel, S. & Hemming, A. (2008). *Bewegungsspiele im Klassenzimmer. Neue Ideen für alle Grundschulfächer* (Materialien für den Unterricht). Garching b. München: Hase und Igel Verlag.	

Stundenabschnitte und Unterrichtsinhalte		Organisatorische Hinweise

52 Ich sitze im Grünen und liebe ganz heimlich …

Inhalt

Die Kinder sitzen in einem Stuhlkreis, in dem sich ein zusätzlicher Stuhl befindet.

Durchführung

Das Kind, welches rechts von dem freien Stuhl sitzt, beginnt und sagt: „ich“. Dabei rückt es auf den leeren Stuhl auf. Dies wird fortgeführt mit dem Satz: „Ich sitze im Grünen und liebe ganz heimlich …“. An dieser Stelle nennt das Kind, das an der Reihe ist, den Namen eines anderen Kindes. Dieses wechselt so schnell wie möglich auf den leeren Stuhl. An der somit neu entstandenen Lücke beginnt der Satz von vorne. Das Spiel wird so schnell wie möglich gespielt.

Tipp: Vorerst den kompletten Satz mit den Kindern einüben.

Variationen

Alle bereits genannten Kinder verschränken die Arme. Das Ziel ist es nun, dass jedes Kind einmal namentlich genannt wird und auf den leeren Stuhl wechselt. Die Zeit wird gestoppt, bis die Klasse das geschafft hat.

Quellen

Harjung, H. (2016). *Vielseitige Bewegungspausen in der Schule. Zahlreiche Übungen zur Auflockerung und Entspannung im Unterricht, Lockerung der Muskulatur, Abbau von Stress und Anspannung, verbesserte Konzentrationsfähigkeit* (4. Auflage). Kerpen: Kohl.

Material
1 zusätzlicher Stuhl

Bewegungsspiel

3–5 Minuten

mittlere Intensität

ab Klasse 2

exekutive Funktionen

Stundenabschnitte und Unterrichtsinhalte		Organisatorische Hinweise

53 Evolutionsspiel

Inhalt

Evolutionsstufen (1 bis 5)

„Ei“	(geduckt auf dem Boden sitzen und hin und her wackeln)
„Huhn“	(watscheln, mit den Flügeln wackeln)
„Dinosaurier“	(gebeugt gehen, fauchen)
„Affe“	(aufrecht gehen, auf der Brust trommeln)
„Der Weise“	(stehen bleiben, Hand am Kinn, weise den Kopf bewegen)

Durchführung

Vorher klares Signal ausmachen wann das Spiel zu Ende ist z. B. Gong oder Klatschen des Lehrers. Als Bewegungspause eingesetzt, sollte man das Spiel nicht per se „ausspielen“, da es dann zeitlich zu lange dauern kann.

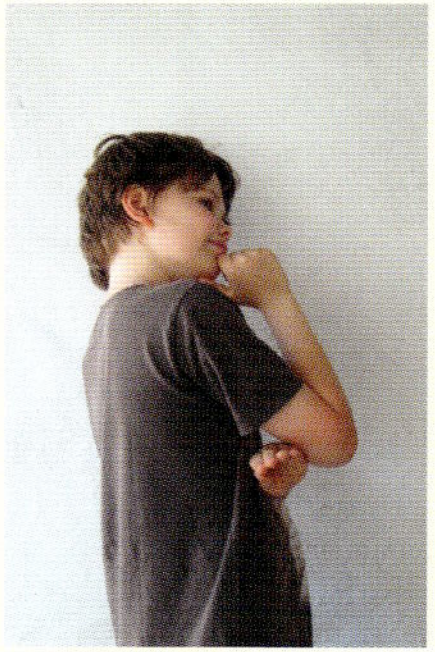

Die Schüler bewegen sich im Klassenzimmer gemäß ihrer Evolutionsstufe. Alle Schüler sind am Anfang auf der Evolutionsstufe „Ei“ und wollen auf die nächste Stufe kommen. Sie können sich dadurch weiterentwickeln, indem sie sich mit jemanden aus der gleichen Stufe treffen und mit „Schnick-Schnack-Schnuck“, (Schere-Stein-Papier) ausmachen, wer auf die nächste Stufe darf. Der Verlierer muss zurückgehen auf die „alte Stufe“ (ein „Ei“ bleibt ein „Ei“). Wer einmal der Weise geworden ist, kann sich nicht mehr zurückentwickeln und sieht zu. Es dürfen immer nur Schülerinnen und Schüler auf der gleichen Stufe miteinander „handeln“.

Variationen

Schülerinnen und Schüler erfinden andere „Evolutionsstufen“.

Quellen

Adaptiert von Falkenberg, F. (2016). *Volle Konzentration in 5 Minuten. Übungen zur Förderung der Konzentration und Aufnahmefähigkeit im Unterricht* (1. Aufl.). Augsburg: Auer.

Organisatorische Hinweise

Material keines

Bewegungsspiel

5 Minuten

mittlere Intensität

ab Klasse 2

exekutive Funktionen

Stundenabschnitte und Unterrichtsinhalte		Organisatorische Hinweise

54 Bewegungsampel

Inhalt

Smiley (Bewegungsaufgabe)

- grüner Smiley: (Aufstehen – Hinsetzen)
- gelber Smiley: (Beide Arme nach oben – Wieder runter)
- roter Smiley: (Aufstehen und klatschen – Wieder hinsetzen)

Durchführung

Der Lehrer zeigt abwechselnd die Smileys, worauf die Schüler die entsprechenden Bewegungen ausführen. In diesem Beispiel werden drei Schwierigkeitsstufen angeboten.

Variationen

- Die Schüler machen zu den Bewegungen noch Geräusche (grün: Aaah; gelb: Oooh; rot: Iiih).
- Der Lehrer zeigt zwei Karteikarten. Die Karte links gibt die Bewegung vor, die Karte rechts gibt das Geräusch an.

Quellen

Kleiner, J. & Wehrstein, S. (2016). *Bewegungspausen. 10 Übungsspiele. Landesinstitut für Schulsport, Schulkunst und Schulmusik Baden-Württemberg (LIS)*, Seite 5. Zugriff am 05. September 2019 unter https://www.km-bw.de/site/pbs-bw-new/get/documents/KULTUS.Dachmandant/KULTUS/Dienststellen/lis-in-bw/Schulsport/WSB/Bewegungspausen_n.pdf

Material
Smileys
Stühle

Bewegungsspiel

3–5 Minuten

mittlere Intensität

ab Klasse 2

exekutive Funktionen

Bewegungsspiele und -aufgaben

Stundenabschnitte und Unterrichtsinhalte		Organisatorische Hinweise
55 Ganzkörper-Ching-Chang-Chong		
Inhalt	Ganzkörperspiel nach der Idee von „Schere, Stein, Papier“ (oder auch „Ching, Chang, Chong“).	**Material** keines
Durch-führung	Zwei Schüler stehen Rücken an Rücken mit etwas Abstand und springen nach dem Sprechen von **„Ching, Chang“** beidbeinig hoch und machen eine gesprungene halbe Drehung. Sie stellen bei **„Chong“** in die gewünschte Position als Schere, Stein oder Papier. Es geht darum, das Spiel so häufig wie möglich zu gewinnen. **Schere** = Arme in V-Form hoch **Stein** = in die Hocke gehen **Papier** = wie ein Streichholz stehen Die Darstellung muss zeitgleich zu „Chong“ erfolgen, ansonsten wird wiederholt. Die Schüler tauschen sich über den Endstand aus.	Bewegungsspiel 2–3 Minuten hohe Intensität
Variationen	Wenn etwas Platz um die Schülerinnen und Schüler vorhanden ist, kann man die Position „Chong“ mit geschlossenen Auge einnehmen und dann die Augen öffnen. Mit zunehmender Praxis können andere Bewegungen für Stein, Schere, Papier gewählt werden.	ab Klasse 2 exekutive Funktionen
Quellen	Anke Hanssen-Doose	

Stundenabschnitte und Unterrichtsinhalte		Organisatorische Hinweise

56 10er-Ball

Inhalt
Aktivierendes Ballspiel mit mehreren Mannschaften mit weichem Ball wie z. B. selbstgemachtem Ball aus gerolltem Zeitungspapier, Buschwuschball oder Dinkel-/Sandsäckchen.

Durchführung
Die Schüler werden in zwei bis vier Mannschaften aufgeteilt, die sich in verschiedenen Bereichen des Klassenraums finden. Aufgabe der Gruppen ist es, sich den Ball 10-mal so zuzuspielen, dass dieser von einem Mitspieler gefangen werden kann. Der Ball muss Kontakt zu allen Mitspielenden haben (direkter Rückpass nicht erlaubt). Bei 10 Ballkontakten in der eigenen Mannschaft ist ein Punkt erreicht. Fällt der Ball herunter, zählt man von vorne. Wer zuerst 3 Punkte erreicht hat, hat gewonnen.

Quellen
Textliche Beschreibung von Anke Hanssen-Doose.

Organisatorische Hinweise

Material
keines

Bewegungsspiel

5 Minuten

mittlere Intensität

ab Klasse 3

exekutive Funktionen

Stundenabschnitte und Unterrichtsinhalte | Organisatorische Hinweise

57 Tischtennis mit Untersetzern

Inhalt
„Tischtennis“ mit Untersetzern aus Pappe.

Durchführung
Beim ersten Mal beginnen alle Kinder zunächst für sich und probieren Untersetzer und Ball aus. Die Lehrperson demonstriert das Hochspielen des Tischtennisballs mit und ohne Boden- oder Tischkontakt. Wenn die Schülerinnen und Schüler etwas Sicherheit haben, können sie sich an ein Spiel zu zweit mit Boden- oder Tischkontakt wagen. Anders als im „echten“ Tischtennis ist das Ziel zunächst das Miteinander und möglichst viele Ballkontakte.

Vereinfachung
Fällt das Treffen des Tischtennisballs mit den normalen Untersetzern schwer, kann man auch größere Untersetzer aus Tonpapier selber bauen.

Variationen
Bei einer erfahrenen Gruppe kann man um zwei Tische „Rundläufe“ organisieren. Oder auch je zwei Mannschaften, die sich nach einer festgelegten Reihenfolge auf ihrer Seite abwechselt.

Quellen
Anke Hanssen-Doose

Material
Untersetzer aus Pappe
Tischtennisbälle

Bewegungsspiel

5 Minuten

hohe Intensität

ab Klasse 3

Stundenabschnitte und Unterrichtsinhalte		Organisatorische Hinweise

58 Der fliegende Teppich

Inhalt
Fantasiereise, bei der die Schülerinnen und Schüler sich in eine Geschichte hineinversetzen sollen.

Durchführung
Lehrperson leitet die Übung an:
„Mach es dir bequem. Stell dir vor, du liegst auf einem Teppich. Dies ist allerdings kein gewöhnlicher Teppich, sondern ein fliegender! Sobald es dir richtig bequem ist, hebt der Teppich ab und beginnt langsam zu schweben. Du spürst, wie er dich trägt und wie angenehm du darauf liegst. Du kannst dich ganz auf ihn verlassen und genießt es, wie er mit dir über eine herrliche Landschaft fliegt. Nach 2–3 min landet der Teppich sanft und du beendest die Reise, indem du dich reckst und streckst. Jetzt bist du zufrieden und voller Energie.“

Ist im Sitzen oder im Liegen durchführbar.

Variationen
Auch andere Geschichten möglich.

Quellen
Müller, U., Baumberger, J. & Huggel, R. (2014). *Bewegungspausen. Konzentriert und leistungsfähig dank bewegten Pausen* (4. Aufl.). Horgen: Baumberger & Müller.

Organisatorische Hinweise

Material
Geschichte
evtl. Liegemöglichkeiten

Entspannungspause

2–3 Minuten

niedrige Intensität

ab Klasse 2

	Stundenabschnitte und Unterrichtsinhalte	Organisatorische Hinweise
	59 Rückentafel	
Inhalt	Entspannungspause, bei der die Schülerinnen und Schüler Buchstaben auf den Rücken ihres Partners malen, der den Buchstaben erfühlen und erraten soll.	**Material** keines
Durch-führung	Schülerinnen und Schüler bilden Paare und sitzen oder stehen hintereinander. Der hintere Partner schreibt Buchstaben auf den Rücken des Partners, der das Geschriebene erkennen und benennen soll. Rollentausch nach mehreren Buchstaben.	Entspannungs-pause
Variationen	• Anstatt Buchstaben können auch Zahlen oder Bilder auf den Rücken gemalt werden. • Auch in einer Kleingruppe mit bis zu vier Schülerinnen und Schülern möglich.	4–5 Minuten (inkl. Partnerwechsel) niedrige Intensität ab Klasse 2

Quellen	Bolay, E., Platz, F. & Wolf, H. (2002). *Bewegte Schule, Bewegtes Lernen. Band 2. Bewegung-ein Unterrichtsprinzip.* Leipzig: Klett.	

Stundenabschnitte und Unterrichtsinhalte		Organisatorische Hinweise
60 Schwebende Stifte		
Inhalt	Entspannungspause, bei dem die Schülerinnen und Schüler zu zweit einen Bleistift zwischen ihren Fingern bewegen.	**Material** Stifte evtl. Musik
Durch- führung	Zwei Schülerinnen oder Schüler stehen sich gegenüber und lassen Bleistifte schweben, indem sie den Bleistift mit den Zeigefingern führen (ein Schüler hält den Bleistift an der Spitze, der andere am Ende). Viele mögliche Bewegungen sollen ausprobiert werden z. B. sich setzen und wieder aufstehen, drehen. Anschließend werden die Augen geschlossen und viele Bewegungen ausprobiert, ohne dass die Stifte auf den Boden fallen.	Entspannungs- pause
Variationen	Mit der ganzen Klasse einen Kreis bilden und dazwischen Stifte schweben lassen.	2–3 Minuten niedrige Intensität ab Klasse 1
Quellen	Müller, U., Baumberger, J. & Huggel, R. (2014). *Bewegungspausen. Konzentriert und leistungsfähig dank bewegten Pausen* (4. Aufl.). Horgen: Baumberger & Müller.	

	Stundenabschnitte und Unterrichtsinhalte	Organisatorische Hinweise
	61 Ich seh genau hin!	
Inhalt	Entspannungspause zur Beobachtungsschulung, Innehalten, Aufmerksamkeit wird geschult.	**Material** keines
Durchführung	Immer zwei Kinder stehen sich gegenüber. Ein Kind macht eine kleine Bewegung vor, das andere Kind passt gut auf und schaut aufmerksam zu. Anschließend muss es genau diese Bewegung nachahmen.	Entspannungspause
Variationen	Mehrere Bewegungen aneinander reihen.	4 Minuten niedrige Intensität ab Klasse 1
Quellen	Seyffert, S. (2012). *Autogenes Training mit Grundschulkindern. Klasse 1–4*. Buxtehude: AOL-Verlag.	

Stundenabschnitte und Unterrichtsinhalte		Organisatorische Hinweise

62 Tiger oder Katze

Inhalt
Schülerinnen und Schüler lernen Unterscheidungsvermögen und Ausdruckskraft – Übung lockert auf.

Durchführung
Zwei Kinder stehen sich gegenüber. Ein Kind hebt seine Hände hoch und nimmt die Mimik von einem Tiger oder einer Katze ein: Bin ich Tiger oder Katze? Sieht das Kind bedrohlich und stark aus, haben wir einen Tiger. Sieht es zahm und verschmust aus, haben wir eine Katze.

Variationen
Die Kinder können dem Tiger oder der Katze noch zusätzlich Gefühle geben, z. B. ist der Tiger heute gut gelaunt oder ist er sauer, ist er stark oder ist er noch müde, ist die Katze voller Energie und geht gleich auf Mäusejagd oder möchte sie ein Mittagsschläfchen machen?

Quellen
Reik, B. (2007). *Tai Chi für Kinder. Mit Tiger und Bär zu mehr Körperbewusstsein, Bewegung und Ruhe*. Murnau a. Staffelsee: R. Mankau.

Organisatorische Hinweise

Material
keines

Entspannungspause

3 Minuten

niedrige Intensität

ab Klasse 1

Stundenabschnitte und Unterrichtsinhalte		Organisatorische Hinweise

63 Der Kranich tanzt

Inhalt
Schulung des Gleichgewichts und der Koordination, sicherer Stand, Förderung des Gemeinschaftssinns.

Durchführung
Die Kinder bilden einen Kreis und breiten wie ein Kranich ihre Flügel (Arme) aus – sie legen ihre Arme ihren jeweiligen Nachbar auf die Schultern und kommen so in einen sicheren Stand. Dann legen sie ihren rechten Fuß in die linke Kniekehle – wenn das alle Kinder geschafft haben, gehen sie gleichzeitig in die Knie und richten sich gemeinsam wieder auf. Dann erfolgt ein Beinwechsel: Die Kinder legen den linken Fuß in die rechte Kniekehle und wiederholen die Übung.

Variationen
Ein Bein wird im Knie gebeugt und nach vorne oben angehoben.

Quellen
Reik, B. (2007). *Tai Chi für Kinder. Mit Tiger und Bär zu mehr Körperbewusstsein, Bewegung und Ruhe.* Murnau a. Staffelsee: R. Mankau.

Organisatorische Hinweise

Material
keines

Entspannungspause

5 Minuten

niedrige Intensität

ab Klasse 2

Stundenabschnitte und Unterrichtsinhalte		Organisatorische Hinweise

64 Heute woll'n wir kräftig klatschen

Inhalt

Aktivierende Entspannung.

Durchführung

Die Lehrkraft spricht einen Text und macht die Übungen zusammen mit den Schülerinnen und Schülern:

„Heute woll´n wir kräftig klatschen. Klatschen macht die Hände warm.
Doch es wärmt nicht nur die Hände, wärmt sogar auch unseren Arm.
Wärmt die Schultern, Hals und Nacken, kannst ein Spiegelei drauf backen.
Auch die Wangen kann man patschen, hört sich an wie leises Klatschen.
Weiter geht's mit Brust und Bauch, Tarzan tat das früher auch.
Kräftig klatschen auch am Po, auf den Oberschenkeln sowieso.
Waden, Füße immer weiter, langsam wird es wirklich heiter.
Alles ist nun mollig warm, von den Füßen bis zum Arm.
Von den Füßen bis zu den Ohren dringt das Blut in alle Poren."

Quellen

Bläsius, J. (2013). *Von Kopf bis Fuß entspannt. Streichelgeschichten, Fantasiereisen und Körperübungen*. München: Don Bosco Medien.

Organisatorische Hinweise

Material
keines

Entspannungspause

2–3 Minuten

niedrige Intensität

ab Klasse 1

IV

Bewegt-entspannte Stundeneinstiege

65 Liebes Knie

Inhalt

Guten Morgen, liebes Knie!	(Das rechte Knie langsam anheben und gleichzeitig den Kopf zum Knie senken; Knie und Kopf wieder in die Ausgangsposition)
Wie geht's dir, liebes Knie?	(Das linke Knie langsam anheben und den Kopf zum Knie senken; Knie und Kopf wieder in Ausgangsposition)
Danke, mir geht es gut.	(Das rechte Knie langsam anheben und gleichzeitig den Kopf zum Knie senken, Knie und Kopf wieder in die Ausgangsposition)
Na, dann setz dich hin!	(Auf den Stuhl sitzen)
(Steigernde Ergänzung:) **Augen wecken, Finger strecken, Arme recken!"**	(Augen mit hohlen Händen bedecken, dahinter zwinkern. Finger spreizen, Augen zwinkern weiter. Augen öffnen, Arme recken)

Durchführung

Alle stehen und haben die Füße leicht auseinander. Die oben genannten Sätze vorsprechen und die dazugehörigen Bewegungen vormachen, die die Schülerinnen und Schüler dann mitmachen sollen.

Variationen

Den Spruch auf den Stühlen stehend ausführen. Schneller und langsamer ausführbar. Als weitere Steigerung steht man auf dem Fußboden auf einem Ballkissen (siehe Bild).

Quellen

Beigel, D. (2011). *Bildung kommt ins Gleichgewicht. Ein Gleichgewichtsprogramm zur Lernunterstützung* (2. Aufl.). Dortmund: Borgmann Media.

Material
Stühle

Viele weitere Stundeneinstiege in „Bildung kommt ins Gleichgewicht" (Beigel, 2011)

Bewegungsspruch

1 Minute

mittlere Intensität

ab Klasse 1

Stundenabschnitte und Unterrichtsinhalte		Organisatorische Hinweise

66 Ich bin heut fit!

Inhalt

Sprechvers mit Elementen aus dem Kinderyoga

Ich

bin

heut

fit

und

mach

gut

mit

Durchführung

„Ich bin heut fit und mach gut mit!“

Pro Wort die vorgegebene Bewegung mit den Schülerinnen und Schülern ausführen.

Quellen

Holterdorf, I. & Prossowsky, P. (2010). *Kleine Yoga-Rituale für jeden Tag: mit einfachen Übungen den Schulalltag rhythmisieren* [mit DVD] (S. 53). Mülheim an der Ruhr: Verlag an der Ruhr.

Organisatorische Hinweise

Material
keines

Entspannungspause

1 Minute

niedrige Intensität

ab Klasse 1

	Stundenabschnitte und Unterrichtsinhalte	Organisatorische Hinweise
	67 Echoklatschen	
Inhalt	Bewegungspause, bei der ein vorgegebener Rhythmus nachgeklatscht wird.	**Material** keines
Durch- führung	Vor die Klasse stellen und einen bestimmten Rhythmus vorklatschen z. B. lang-kurz-lang-kurz-lang. Die Schülerinnen und Schüler stehen auf und klatschen anschließend gemeinsam den Rhythmus nach („Echo“). Wenn alle Schülerinnen und Schüler das „Echo“ klatschen, kann ein neuer Rhythmus vorgeklatscht werden.	Rhythmusaufgabe
Variationen	Auch die Schülerinnen und Schüler können einen Rhythmus vorgeben, den die anderen nachklatschen.	2 Minuten mittlere Intensität ab Klasse 1
Quellen	Platz, F. (2014c). *Echoklatschen*. Zugriff am 02. September 2019 https://fit-lernen-leben.ssids.de/wbt-sport-selbstregulation/praxis/regeln-und-rituale	

68 Guten Morgen, neuer Tag

Inhalt

Die Lehrkraft wünscht den Schülerinnen und Schülern einen guten und entspannten Start in den neuen Tag. Sie beschreibt und zeigt einen Tagesbeginn und alle Kinder machen mit.

Durchführung

„Wir begrüßen den neuen Tag. Es ist noch ganz früh am Morgen, du bist gerade aufgewacht, gähnst ganz herzhaft und du reckst und streckst dich. Dann beginnt deine Morgenwäsche. Du wäschst erst den linken und dann den rechten Arm, dabei streichst du den Arm von oben nach unten aus. Dann wäschst du erst dein linkes und dann dein rechtes Bein und streichst es von oben nach unten aus. Dann wäschst du noch dein Gesicht und streichst vorsichtig vom Kinn zur Stirn und über den Kopf nach hinten.
Dann schüttelst du dich nochmal kräftig und der neue Tag kann beginnen …"

Quellen

Holterdorf, I. & Prossowsky, P. (2010). *Kleine Yoga-Rituale für jeden Tag: mit einfachen Übungen den Schulalltag rhythmisieren* [mit DVD] (S. 53). Mülheim an der Ruhr: Verlag an der Ruhr.

Material
keines

Entspannungspause

3 Minuten

niedrige Intensität

ab Klasse 1

Literatur

Bartl, A. (2004). *Muntermacher-Spiele für Grundschulkinder* (1. Aufl.). Berlin: Cornelsen Scriptor.

Beigel, D. (2011). *Bildung kommt ins Gleichgewicht. Ein Gleichgewichtsprogramm zur Lernunterstützung* (2. Aufl.). Dortmund: Borgmann Media.

Bierögel, S. & Hemming, A. (2008). *Bewegungsspiele im Klassenzimmer. Neue Ideen für alle Grundschulfächer* (Materialien für den Unterricht). Garching b. München: Hase und Igel Verlag.

Bläsius, J. (2013). *Von Kopf bis Fuß entspannt. Streichelgeschichten, Fantasiereisen und Körperübungen.* München: Don Bosco Medien.

Bolay, E., Platz, F. & Wolf, H. (2002). *Bewegte Schule, Bewegtes Lernen. Band 2. Bewegung-ein Unterrichtsprinzip.* Leipzig: Klett.

Bolay, E., Platz, F. & Wolf, H. (2013). Bewegung – ein Unterrichtsprinzip. Bewegungspädagogik für weiterführende Schulen, Bewegungspausen im Unterricht, Entspannung und Stille im Klassenzimmer. In A. Christoph, *Bewegte Schule, bewegtes Lernen* (Bd. 2, 1. Aufl.) (S. 6–41). Leipzig: Klett.

Brickenkamp, R. (2002). *Test d2. Aufmerksamkeits-Belastungs-Test* (9., überarb. und neu normierte Auflage). Göttingen, Bern, Toronto, Seattle: Hogrefe.

Castelli, P. M., Hillman, C. H., Buck, S. M. & Erwin, H. E. (2007). Physical fitness and academic achievement in third- and fifth-grade students. *J Sport Exerc Psychol, 29* (2), 239–252.

Chomitz, V. R., Slining, M. M., McGorwan, R. J., Mitchell, S. E., Dawson, G. F. & Hacker, K. A. (2009). Is there a relationship between physical fitness and academic achievement? Positive results from public school children in the northeastern United States. *Journal of School Health, 79* (1), 30–37.

Daly-Smith, A. J., Zwolinsky, S., McKenna, J., Tomporowski, P. D., Defeyter, M. A. & Manley, A. (2018). Systematic review of acute physically active learning and classroom movement breaks on children's physical activity, cognition, academic performance and classroom behaviour: understanding critical design features. *BMJ Open Sport & Exercise Medicine, 4* (1), e000341.

Dordel, S. & Breithecker, D. (2003). Bewegte Schule als Chance einer Förderung der Lern- und Leistungsfähigkeit. *Haltung und Bewegung, 23* (2), 5–15.

Duncan, G. J., Dowsett, C. J., Claessens, A. & Jaspel, C. et al. (2007). School readiness and later achievement. *Develp Psychol, 43* (6), 1428–1446.

Erickson, K. I., Hillman, C. H. & Kramer, A. F. (2015). Physical activity, brain, and cognition. *Current Opinion in Behavioral Sciences, 4,* 27–32.

Evans, G. W. & Maxwell, L. (1997). Chronic noise exposure and reading deficits: The mediating effects of language acquisition. *Environment and Behavior, 29* (5), 638–656.

Falkenberg, F. (2016). *Volle Konzentration in 5 Minuten. Übungen zur Förderung der Konzentration und Aufnahmefähigkeit im Unterricht* (1. Aufl.). Augsburg: Auer.

Flook, L., Goldberg, S. B., Pinger, L. & Davidson, R.J. (2015). Promoting prosocial behaviour and self-regulatory skills in preschool children through a mindfulness-based Kidness Curriculum. *Developmental Psychology, 51* (1), 44–51. doi: 10.1037/a0038256.

Hallal, P. C., Andersen, L. B., Bull, F. C., Guthold, R., Haskell, W., Ekelund, U. & Lancet Physical Activity Series Working Group (2012). Global physical activity levels: surveillance progress, pitfalls, and prospects. *The Lancet, 380* (9838), 247–257.

Hallal, P. C., Victora, C. G., Azevedo, M. R. & Wells, J. C. (2006). Adolescent physical activity and health: a systematic review. *Sports Medicine, 36* (12), 1019–1030.

Handtmann, C. (2014). *Bewegte Schule. Praxisideen für die Bewegte Schule.* Unveröffentlichte Fortbildungsunterlagen. Hardtgrundschule Karlsruhe.

Hanssen-Doose, A., Ittensohn, J., Kloock, A.K., Oriwol, D., Worth, A. (2019). Kurze Bewegungspausen im Fachunterricht zur Steigerung der Konzentration. *sportunterricht, 68* (10), 441–446.

Harjung, H. (2016). *Vielseitige Bewegungspausen in der Schule. Zahlreiche Übungen zur Auflockerung und Entspannung im Unterricht, Lockerung der Muskulatur, Abbau von Stress und Anspannung, verbesserte Konzentrationsfähigkeit* (4. Aufl.). Kerpen: Kohl.

Hering, W. (1995). *Spiele und Musik von 2–5. Bewegungslieder für Kinder.* Reinbek: Rowohlt.

Hering, W. & Zachmann, H. (2005). *MOVE TO THE MUSIC. Musik – und Bewegungsspiele.* Aachen: Meyer & Meyer.

Heuer, A. W. (2017). *Endlich mal was Anderes! Bewegungsspiele im Klassenzimmer. Wie bringen wir Kinder in Schwung?* Unveröffentlichte Unterlagen zu einem Workshop in Karlsruhe.

Hildebrandt-Stramann, R. (2009). Lernen mit Leib und Seele. *sportunterricht, 58* (1), 3–7.

Höfele, H. E. & Steffe, S. (2004). *Kindertänze aus aller Welt: lebendige Tänze, Kreis-, Bewegungs- und Singspiele rund um den Globus.* Aachen: Ökotopia.

Höglinger-Winter, S. & Emberger N. (2006). Bewegte Pausen im Klassenzimmer. Bei Grundschulkindern neue Energien wecken. München, Düsseldorf, Stuttgart: Oldenbourg Schulbuchverlag.

Hollmann, W. & Strüder, H.K. (2003). Gehirngesundheit, -leistungsfähigkeit und körperliche Aktivität. *Deutsche Zeitschrift für Sportmedizin, 54* (9), 265–266.

Holterdorf, I. & Prossowsky, P. (2010). *Kleine Yoga-Rituale für jeden Tag: mit einfachen Übungen den Schulalltag rhythmisieren* [mit DVD]. Mülheim an der Ruhr: Verlag an der Ruhr.

Horn, R. & Blanke, D. (2016). *Bewegungspausen. Mit Bewegung durch den Schultag* (CD, Lied Nr. 4). Lippstadt: KONTAKTE Musikverlag.

Horn, R. & Handtmann, C. (2016). *Bewegungspausen. Mit Bewegung durch den Schultag.* Lippstadt: KONTAKTE Musikverlag.

Humm, T. & Pustlauk, T. (2006). *Kleine Bewegungspausen. Halt dich fit im Schulalltag! für alle Altersstufen, ab 6 Jahren* (1. Aufl.). Schaffhausen: Schubi.

Jansen, P., Seidl, F. & Richter, S. (2018). *Achtsamkeit im Sport. Theorie und Praxis zu achtsamkeitsbasierten Verfahren in Freizeit, Training, Wettkampf und Rehabilitation.* Berlin: Springer.

Janssen, I. & LeBlanc, A. G. (2010). Systematic review of the health benefits of physical activity and fitness in school-aged children and youth. *International Journal of Behavioral Nutrition and Physical Activity, 7* (1), 40.

Janssen, M., Toussaint, H. M., van Mechelen, W. & Verhagen, E. A. (2014). Effects of acute bouts of physical activity on children's attention: a systematic review of the literature. *Springerplus, 3* (1), 1.

Jensen, H. (2017). *Hellwach und ganz bei sich: Achtsamkeit und Empathie in der Schule.* Weinheim: Beltz.

Kamer, M., Schmidt, M. & Conzelmann, A. (2015). Die Effekte einer akuten Bewegungsintervention auf die Konzentrationsleistung von Primarschulkindern. Abstract 7. Jahrestag der sportwissenschaftlichen Gesellschaft der Schweiz (SGS). *„Sportwissenschaften – im Plural".* Letzter Zugriff am 08.05.2018 unter http://boris.unibe.ch/64150/1/Kamer%20et%20al_2015_Abstract_SGS_61.pdf

Kleiner, J. & Wehrstein, S. (2016). *Bewegungspausen. 10 Übungsspiele. Landesinstitut für Schulsport, Schulkunst und Schulmusik Baden-Württemberg (LIS),* Seite 5. Zugriff am 05. September 2019 unter https://www.km-bw.de/site/pbs-bw-new/get/documents/KULTUS.Dachmandant/KULTUS/Dienststellen/lis-in-bw/Schulsport/WSB/Bewegungspausen_n.pdf

Koletzko, B. (2009). *Tiger Kids. Heft 5. Bewegungsprogramm. Bewegungsspiele für den Kindergarten* (4. überarb. Aufl.). Remagen: AOL-Verlag.

Krajewski, K. & Schneider, W. (2009). Exploring the impact of phonological awareness, visual spatial working memory, and preschool quantity number competencies on mathematics achievement in elementary school: Findings from a 3-year longitudinal study. *J Experiment Child Psychol, 103* (4): 516–531.

Kubesch, S. & Hansen, S. (2017). *Sport im Fokus.* Heidelberg: Bildung plus.

Kubesch, S. & Walk, L. (2009). Körperliches und kognitives Training exekutiver Funktionen in Kindergarten und Schule. *Sportwissenschaft, 39* (4), 309 ff.

Lohaus, A. & Klein-Heßling, J. (2000). *Streßpräventionstraining für Kinder im Grundschulalter.* Göttingen: Hogrefe.

Lommersum, N. (2007). *Bewegungsspiele in der Grundschule. 35 Spiele für zwischendurch; Klasse 1–4* (4. Aufl.). Lichtenau: AOL-Verlag.

Ma, J., (2014). *FUNtervals. High Intensity Interval Games. Work Hard, Play Hard* (Seite 8). Zugriff am 05. September 2019 unter https://www.bildungsbuero-ravensburg.de/site/LRA_RV_Bildungsbuero_2017/get/documents_E-209326429/chancenpool/Mediathek_LRA_RV_Bildungsbuero/4Schul-%20und%20Unterrichtsentwicklung/Activity-Booklet-FUNtervals.pdf

Metcalf, R. (2014). *Das wilde Tier. 15 überlieferte Spiellieder für ungezähmte Kinder.* Berlin: Nubel.

Metcalf, R. & Nubel, K. (2001). *Das wilde Tier. Begleitheft mit Noten, Gitarrenakkorden, Texten und Spielanregungen zu 15 überlieferten Spielliedern für ungezähmte Kinder.* Berlin: Nubel.

Müller, C. (2003). *Bewegte Grundschule. Aspekte einer Didaktik der Bewegungserziehung als umfassende Aufgabe der Grundschule.* Sankt Augustin: Academia.

Müller, U., Baumberger, J. & Huggel, R. (2014). *Bewegungspausen. Konzentriert und leistungsfähig dank bewegten Pausen* (4. Aufl.). Horgen: Baumberger & Müller.

Nettlefold, L., McKay, H. A., Warburton, D. E. R., McGuire, K. A., Bredin, S. S. D. & Naylor, P. J. (2011). The challenge of low physical activity during the school day: at recess, lunch and in physical education. *British Journal of Sports Medicine, 45* (10), 813–819.

Norlander, T., Moås, L. & Archer, T. (2005). Noise and stress in primary and secondary school children: noise reduction and increased concentration ability through a short but regular exercise and relaxation program. *School Effectiveness and School Improvement, 16* (1), 91–99.

Oetinger Media (2016). *Die 50 schönsten Spiel- und Bewegungslieder (3 CDs)* (CD 3). Hamburg: Oetinger media.

Opper, E. (2016). Bewegt entspannt. Ideen für entspannte Bewegungsspiele mit Kindern in der Grundschule. *sportunterricht, 65* (9), 1–7.

Opper, E., Bös, K. & Albrecht, C. (2011). Entspannungs-Übungen und Anleitungen für einen entspannten Kindergartenalltag. In B. Koletzko (Hrsg.), *TigerKids: Kindergarten-aktiv* (Heft 6). Remagen: AOK-Verlag GmbH.

Petermann, U. (2007). *Entspannungstechniken für Kinder und Jugendliche. Ein Praxisbuch* (5. überarb.Auflage). Weinheim: Beltz.

Platz, F. (2014a). *Der verwirrte Polizist.* Zugriff am 20.11.2017 unter: http://www.fit-lernen-leben.ssids.de/wbt-sport-selbstregulation/praxis/uebungen-und-spiele/details/3/58/der-verwirrte-polizist

Platz, F. (2014b). *Flagge zeigen.* Zugriff am 20.11.2017 unter: http://www.fit-lernen-leben.ssids.de/wbt-sport-selbstregulation/praxis/uebungen-und-spiele/details/3/46/flagge-zeigen

Platz, F. (2014c). *Echoklatschen.* Zugriff am 02. September 2019 unter: https://fit-lernen-leben.ssids.de/wbt-sport-selbstregulation/praxis/regeln-und-rituale

Quante, S. (2008). *Was Kindern gut tut! Handbuch der erlebnisorientierten Entspannung.* Dortmund: Borgmann.

Reik, B. (2007). *Tai Chi für Kinder. Mit Tiger und Bär zu mehr Körperbewusstsein, Bewegung und Ruhe.* Murnau a. Staffelsee: R. Mankau.

Riegel, K. (2014). Bewegungspausen im Unterricht von Ganztagsschulen. In R. Hildebrandt-Stramann, R. Laging & J. Teubner (Hrsg.), *Bewegung und Sport in der Ganztagsschule – StuBSS. Ergebnisse der qualitativen Studie; Studie zur Entwicklung von Bewegung, Spiel und Sport in der Ganztagsschule (StuBSS)* (S. 492–532). Baltmannsweiler: Schneider.

Schmidt, S. C., Henn, A., Albrecht, C. & Woll, A. (2017). Physical activity of German children and adolescents 2003–2012: the MoMo-Study. *International Journal of Environmental Research and Public Health, 14* (11), 1375.

Schmidt-Atzert, L., Amelang, M. & Fydrich, T. (2012). *Psychologische Diagnostik* (Springer-Lehrbuch) (5., vollständig überarbeitete und erweiterte Auflage). Berlin: Springer.

Seyffert, S. (2012). *Autogenes Training mit Grundschulkindern. Klasse 1–4.* Buxtehude: AOL-Verlag.

Thiel, A., Teubert, H. & Kleindienst-Cachay, C. (2006). *Die „bewegte Schule“ auf dem Weg in die Praxis. Theoretische und empirische Analysen einer pädagogischen Innovation* (3., überarb. Aufl.). Baltmannsweiler: Schneider.

Tremblay, M. S., Gray, C. E., Akinroye, K., Harrington, D. M., Katzmarzyk, P. T., Lambert, E. V. & Prista, A. et al. (2014). Physical activity of children: a global matrix of grades comparing 15 countries. *Journal of Physical Activity and Health, 11* (s1), 113–125.

Wagner, K. (2006). *Praxis Buch. Entspannungsreisen für die Grundschule. Einfache Entspannungsübungen. Fantasiereisen. Entspannung durch Bewegung. Gegenständliche Wahrnehmung. Weitere Entspannungsübungen.* Schaffhausen: Schubi.

Worth, A. (o. Jahr) *Bewegung ist Leben – Leben ist Bewegung*, Lied Nr. 8.